POSITIVE DISCIPLINE
for Children with Special Needs

特殊需求孩子的
正面管教

帮助孩子学会有价值的社会和人生技能

[美] 简·尼尔森　史蒂文·福斯特　艾琳·拉斐尔◎著
甄 颖◎译

北京联合出版公司
Beijing United Publishing Co.,Ltd.

图书在版编目（CIP）数据

特殊需求孩子的正面管教 /（美）尼尔森，（美）福斯特，（美）拉斐尔著；甄颖译 .-- 北京：北京联合出版公司，2016.4（2020.3重印）
ISBN 978-7-5502-7544-7

Ⅰ.①特… Ⅱ.①尼… ②福… ③拉… ④甄… Ⅲ.①家庭教育 Ⅳ.① G78

中国版本图书馆 CIP 数据核字（2016）第 078510 号

POSITIVE DISCIPLINE FOR CHILDREN WITH SPECIAL NEEDS
by Jane Nelsen, Steven Foster, and Arlene Raphael
Copyright © 2011 by Jane Nelsen, Steven Foster, and Arlene Raphael
Simplified Chinese Translation copyright © 2016 by BEIJING TIANLUE BOOKS CO.LTD.
This translation published by arrangement with Three Rivers Press, an imprint of the Crown Publishing Group, a division of Penguin Random House LLC
All Rights Reserved.

特殊需求孩子的正面管教

著　　者：[美] 简·尼尔森　史蒂文·福斯特　艾琳·拉斐尔
译　　者：甄　颖
选题策划：北京天略图书有限公司
责任编辑：崔保华
特约编辑：高雪鹏
责任校对：杨　娟

北京联合出版公司出版
（北京市西城区德外大街83号楼9层　100088）
北京彩虹伟业印刷有限公司印刷　新华书店经销
字数184千字　787毫米×1092毫米　1/16　15.25印张
2016年5月第1版　2020年3月第5次印刷
ISBN 978-7-5502-7544-7
定价：32.00元

未经许可，不得以任何方式复制或抄袭本书部分或全部内容
版权所有，侵权必究
本书若有质量问题，请与本公司图书销售中心联系调换。电话：010-65868687　64243832

译者的话

多年前,我在北京做记者。一位美籍华裔朋友是"特殊奥林匹克运动会"的国际公关主管。她邀请我参加"2007特殊奥林匹克倒计时一周年"的报道。我见到了施瓦辛格夫妇(施瓦辛格的岳母是特奥会创始人,他本人曾是特奥会大使),以及好几百个有特殊需求的孩子。我看着那些口眼歪斜,甚至站立不稳的孩子们,心里不免打鼓:"这些小孩怎么可能参加体育运动?怎么可能按照规则比赛?他们可能什么都不懂吧……"那时候,我很不礼貌地、悄悄地称他们为"智障小孩"。

过了几天,国贸中心的某名牌旗舰店开业,不但邀请了一班明星,还邀请了"特殊奥林匹克运动会"的三个孩子代表参加开业典礼。在典礼后Party上,一直引起我关注的,不是电影明星,也不是体育名人,而是那三位"智障小孩"。很多明星小心翼翼地在"亲和友好"与"派头有范儿"之间游移拿捏。而这三个十几岁的"智障孩子",略带歪斜的脸上带着单纯开心的笑容,跟跟跄跄的步伐散发着真诚的友好,和明星达贵们问候、寒暄,接受他们的肯定,也说出发自内心的称赞。

我在心里默默地说:他们是整个场里最得体、最温暖的人。

这幅画面给我留下的印象非常深。10年前,我计划去美国西弗吉尼亚大学读硕士学位,毫不犹豫地选择了"特殊需求儿童教育"这个专业，并做了很多准备。但是，最后因我没有"特殊需求儿童"的切身教育经历，没有被录取。

8年前，我在深圳，是一名全职妈妈。每个周五上午，我和当地妇女俱乐部里的几位外国妈妈一起，去深圳某孤儿院做义工，去照顾那些孤儿，喂他们吃饭、跟他们玩、抱他们……那些全是有特殊需求的孩子：脑瘫、小儿麻痹、大小便失禁、四肢不全、肿瘤……我所工作的房间，住的是5~15岁的孩子，大概15个。其中有个8岁左右的男孩，双眼失明，并且听阿姨说"脑子里有瘤"。每一两个小时，他就会坐在大通铺上，持续大喊，发出很凄厉的叫声，同时用后脑勺使劲撞击墙面。他身后的瓷砖墙面被撞出了一个破碎的坑。没有人理他，他一直叫、一直撞。这个孩子让我害怕惊恐，不知道该怎么办，听着他的叫声，我甚至想逃离那个房间。

每当这个时候，那位带着我在这个房间工作的美国妈妈，七个孩子的母亲，就会把这个男孩抱过来，放在自己的腿上，用一只胳膊环抱着他，另一只手轻轻地、一下一下地抚摸他的胸口（本书后面的章节里提到这个动作），同时，温和地跟他说："我知道，你的脑子很疼，疼得厉害。一切都会好的。"尽管这位美国妈妈说的是英语，但这个男孩每次，真的是每次，都会很快安静下来。更让我惊异的是，不但这个孩子，大通铺上周围的其他几个孩子，也会安静下来。那位美国妈妈的温和、平静和发自内心对这个男孩的理解，深深地印在我的脑海里。

在第一次去的路上，我想象了很多怎么喂孩子们吃饭、帮他们穿衣服、甚至擦屁股的场景。然而，到了吃饭的时间，阿姨们只是正常地说："吃饭了。"我们房间里一大半孩子，不论是什么残疾状况，都自主、独立地从床上下来，离开玩具，有的用走、有的用爬、有的用辅助推车、有的扶墙，迅速坐到桌子旁，准备好吃饭。我曾想把一个正在半爬向餐桌的小儿麻痹后遗症的孩子抱到餐桌旁，阿姨制止了我："他自己可以的！"这个5岁的孩子也扭过头跟我说："我会。"

这些孩子能自己吃饭，自己喝汤，自己把碗盘餐具放进洗碗盆里，自己回到房间里。有的孩子甚至还能自己盛饭。我们需要喂食的，只有三四个脑瘫在床、无法行动的孩子，即使是这几个孩子也吃得很顺利，还能用畸形的手，做手势进行"还要""不吃了""要菜""要汤"等沟通。而且，当他们吃完饭，都会用歪斜的眼睛、嘴巴，做出大大的笑意，有两个孩子还能模糊地说："谢谢。"

果然，他们可以，他们会。

在孤儿院的义工工作因为一些原因不得不终止。这几年，我仍然以其他方式参与特殊需求孩子的慈善工作。这么多年和特殊需求孩子的相处，让我明白了一件事情：照顾这些孩子，累的只是体力，就像"特奥会"的那些孩子一样，他们的情感、心理单纯得无与伦比。和他们相处，是最简单、最轻松的心与心的相处。

当北京天略图书有限公司征寻《特殊需求孩子的正面管教》一书的译者时，作为一名"正面管教资质导师"，我第一时间报名并翻译了样章。很幸运，我被选上翻译这本书。这让我无比珍惜。因为正如这本书里说的："……我们相信，你的特殊需求孩子有能力积极成长和改变。"

我知道，在咱们国家，跟曾经的我一样，悄悄地或者公开地把"有特殊需求的孩子"称为"智障小孩"的人不在少数。有特殊需求的孩子，应该得到正确健康的认识和接纳，他们和正常孩子一样，应该享受生存和发展权、自由权、身份权、平等权、隐私权、安全权和权益保障权！（根据联合国《儿童权利公约》内容）。和正常孩子一样，他们天生渴望并需要归属感和价值感。

了解、接纳、尊重有特殊需求的孩子，是一个人和一个社会成熟进步的表现。我希望能够尽一己之力，为这些权利的实现，做出微薄的贡献。

甄颖（Elly Zhen）

2016年2月5日

无条件的爱和支持——他的名字是巴里。

——简

怀着满满的爱和无尽的感激,我将此书献给我的妻子吉恩,以及我的女儿乔丹。

——史蒂文

我将此书献给我亲爱的先母玛丽和先父威廉;献给我非常珍惜的丈夫,瑞威德;以及我的宝贝女儿,蕾拉。我很感激他们在善良、同情和无条件的爱方面教给我的一切。

——艾琳

引 言

就在此时此刻,在全美国,实际上是全世界,有一些父母和老师正在艰难地养育和教育着一些很特殊的孩子。这些孩子可能天生就有一些原因未知的疾病,例如自闭症。他们可能因为在子宫中的境遇而生病,例如酒精胎儿综合征。或者,他们可能是在出生后的头几年因外部因素而得病,例如脑部受到外伤。有时候,这些孩子的某些行为令深爱他们、想帮助他们学习的大人们感到不安和困惑。很多父母和老师——可能你也是其中之一——发现自己运用的是既没有效果又不令人满意的陈旧方法。

正面管教并不能治愈这些特殊需求孩子先天带来或后天患上的疾病。它是一种养育和教育的方式,强调帮助有特殊需求的孩子们学会有价值的人生和社会技能,以帮助他们做出负责任的决定,进而拥有更有益和满意的人生。与运用惩罚和奖励的传统方式不同,正面管教提倡一套完全不同的方法。所有这些方法——我们会在本书详细讨论——都基于相互尊重(也就是说,既尊重孩子,也尊重我们自己)、共情地理解孩子的看法,以及能鼓励孩子们学会解决问题的有效的沟通。这是一种已经被证明很成功的方式,而且,甚至改变了很多父母和老师的一生。对于特殊需求孩子的父母和老师们来说,正面管教提供了与帮助正常孩子过上幸福而能干的人生同样美好的前景和做法。

在本书中,我们始终在寻求填补养育和教育特殊需求孩子的文献空白。有三件事让我们相信，这是一个正确的时机，而且这个任务至关重要。首先，我们坚信所有的孩子都有以对社会有益的方式感受到归属感和价值感的需要。其次，我们已经看到了运用和善与坚定并行，并努力理解孩子的行为背后的信念，从而以尊严和尊重的方式对待孩子（不论是否有特殊需求）产生的奇妙效果。第三，我们经常听到和我们共事的父母和老师们说：是的，正面管教可能会有很好的效果，但它不适合我的孩子或学生，因为他或她有某某特殊需求。我们想向这些父母和老师们保证，正面管教对他们有特殊需求的孩子们确实会非常有帮助。

　　本书主要是为从出生到8岁左右孩子们的父母和老师而写的。这不是因为正面管教不适用于更大的孩子，而是为了使本书涉及的范围更易于控制。

　　由于有特殊需求的孩子常常会在一些方面与众不同，他们的父母还必须应付来自陌生人、老师甚至自己家庭成员的评判。他们听到的很多信息和建议都是关于如何控制他们的孩子的。在一年一度的正面管教资质从业者大会上，艾琳和史蒂文有机会介绍了他们对患有自闭症孩子们的父母传授正面管教的一些资料。一位与会者是一个患有自闭症谱系障碍的4岁男孩的母亲。活动结束后，她来到他们的面前，眼里闪着泪花说："所有早期介入治疗者都让我控制我的儿子。你们告诉我，我可以养育他！"

本书结构

　　第1章，对正面管教的背景信息做了简要介绍，尤其是如何将其在家里和学校里适用于有特殊需求的孩子。在第2章，我们提供了理解孩子们的行为——包括"不良行为"和"无辜行为"——的正面管教方式的更多细节，因为这也适用于有特殊需求的孩子。

第3章，提供了一些与大脑有关的有用信息，以问题的解决为核心。在第4章，我们讨论了一个叫作"积极暂停"的概念，这是不惩罚并相互尊重的正面管教理念的基石。第5~12章，将让你了解基于阿尔弗雷德·阿德勒的个体心理学的一个框架，这是正面管教的基础。这几章将介绍正面管教的核心工具，并讨论如何将其运用于不同特殊需求的孩子。这部分中的每一章围绕一个孩子的故事展开。这几章描述的孩子们都是真实的。在有些案例中，我们对他们的身份信息做了改动，以保护这些孩子及其家人的隐私。第13章是对正面管教中运用到的很多工具的一个综合总结，并附有如何对这些工具进行调整和增强，以适用于有特殊需求孩子的明确信息。

请注意：要完全描述任何一种疾病的所有细节是不可能的。那样，整本书就要用来描述那种疾病了。相反，我们的意图实际上是要表明如何将用于正常发展孩子的任何一种正面管教工具经过调整适用于有特殊需求的孩子。调整意味着改变"送达系统"，也就是说，这个工具怎么用于你自己的孩子。工具的核心及其对正面管教价值观的坚守是不变的。

我们邀请你继续往下读！

目　录

译者的话

引　言

第1章　"可是我的孩子不一样！"

　　特殊需求的孩子和我们任何一个人一样，也在有意识或无意识地做着有关如何得到归属感和自我价值感的决定……
　　无辜行为 / 4
　　镜　头 / 5
　　教　育 / 6
　　家庭和学校教育的长期目标 / 8

第2章　试试这些新镜头！

　　正面管教的思考方式把每个孩子都看作独一无二的、有价值的，既考虑到他们的优点也考虑到学习方面的挑战……这些工具能够帮助孩子们将与寻求过度关注、寻求权力、报复和自暴自弃这些错误目的有关的行为，替换为从长远看能帮助他们在家庭和社会获得并保持真正的归属感和价值感的行为……
　　正面管教的镜头 / 15

1

- 所有的孩子都追求归属感和自我价值感 / 15
- 对归属感和价值感的错误信念导致不良行为 / 17
- 有些无辜行为可能被伪装成不良行为！我们如何分辨？ / 25

第3章 理解大脑——你的和他们的

了解你的大脑会有帮助，如果当时无法改变你的反应方式，至少能让你在平静下来之后做出补救……有三个步骤能帮助我们矫正错误……

我们的大脑：过去和现在 / 32

掌中的大脑 / 34

正道和歧路 / 36

矫正错误的 3 个 R / 38

第4章 积极的暂停

从长远来看，惩罚性暂停是无效的，因为孩子们不会"想他们做过的事情"。他们想的是如何扳平、如何避免被发现或认为他们"坏"……积极的暂停是建立在对大脑和人性的理解之上的，即当孩子（以及大人）感觉更好时，他们才会做得更好……

一个未实现的好主意 / 45

惩罚性暂停与积极的暂停 / 48

积极的暂停 / 50

心情和地点一样重要 / 53

与积极暂停有关的一些沟通调整 / 54

第5章 汉娜的故事：
认可并支持你的孩子的全部

当你把你的特殊需求孩子作为一个整体来看待并与之相处

时，你和他或她在一起时成功的机会将大大提高……
　　与你孩子的全部有关的正面管教工具 / 59
　　与你的孩子的错误目的相关的正面管教工具 / 60
　　　·将任务分解成小步骤 / 61
　　　·停止所有的批评 / 61
　　　·鼓励任何积极的尝试 / 61
　　　·相信你的孩子的能力 / 62
　　　·关注长处 / 62
　　　·不要怜悯 / 62
　　　·不要放弃 / 63
　　　·创造获得成功的机会 / 63
　　　·教给孩子技能 / 63
　　　·让孩子看到如何做，但不要为他做 / 63
　　　·以兴趣为基础 / 64
　　　·鼓励 / 64
　　　·利用班会和家庭会议 / 65
　　　·喜欢你的孩子 / 65
　　本章正面管教工具回顾 / 65

第6章　杰米的故事：
　　　　　增强孩子的归属感与价值感

　　由于你的孩子理解话语的含义或者交流的能力可能会由于其疾病而受到损害，你可能需要调整你的沟通方式和行为，以便让你肯定和支持孩子的归属感和价值感的信息能够被他清晰地接收到……
　　增强孩子的归属感和价值感的正面管教工具 / 69
　　与孩子的错误目的相关的正面管教工具 / 72
　　　·通过请求帮助，把你的孩子转向积极的权力 / 74
　　　·提供有限制的选择 / 75

- 和善与坚定并行 / 75
- 决定你自己要做什么 / 76
- 让惯例说了算 / 76
- 运用赢得合作的四个步骤 / 77
- 记住，你的孩子在感觉到被倾听之后，才会听你说 / 78
- 运用家庭会议或班会 / 78

本章正面管教工具回顾 / 79

第 7 章　瑞奇的故事：
　　　　影响你的孩子的潜能

作为特殊需求孩子的父母或老师，你有能力对你的孩子所做出的决定施加积极影响，并最终影响你的孩子的潜能……

与影响你的孩子的潜能相关的正面管教工具 / 88

与你的孩子的错误目的有关的正面管教工具 / 89

- 认可你的孩子伤心的感觉 / 90
- 避免受到伤害的感觉 / 91
- 避免惩罚和反击 / 91
- 建立信任 / 91
- 运用反射式倾听 / 92
- 做出弥补 / 92
- 表达你的关爱 / 93
- 运用积极的暂停 / 93
- 召开家庭会议和班会 / 94

本章正面管教工具回顾 / 94

第 8 章　本吉的故事：
　　　　进入你的孩子的世界

在试图确定什么对你的孩子有帮助时，尽量理解这个世界在他的眼中是什么样子，是极其重要的……正面管教提供了许多工具，可以帮助父母和老师理解并进入孩子的世界……

帮助你进入孩子的世界的正面管教工具 / 97
- 了解你的孩子的好恶 / 98
- 欣赏你的孩子的性情 / 100
- 认识到你的孩子的长处和学习方面的挑战 / 102
- 与你的孩子共情并认可他的感受 / 104
- 不止用耳朵"倾听" / 106
- 问启发式问题 / 107
- 安排特别时光 / 108
- 在纠正之前，先建立情感联结 / 109

与孩子的错误目的相关的正面管教工具 / 110
- 理解无辜行为，避免误解 / 111
- 缓和寻求权力错误目的的工具 / 112

本章正面管教工具回顾 / 113

第9章　娜塔莉娅的故事：
给孩子提供建立情感联结和做出贡献的机会

我们的孩子需要经常有机会感觉到与他人之间相互的情感联结，并且能为他们所在的任何群体做出有意义的贡献……"努力争取优秀"，意思不是要比其他人更好，而是要成为最优秀的自己……

建立社会联结和鼓励做出贡献的正面管教工具 / 121
- 为你的孩子精心安排能培养以下信念的体验："我有能力与别人建立温暖的人际关系，并且我在这种关系中能有所付出。" / 122
- 关注你的孩子的长处 / 123
- 对孩子有信心，并运用鼓励帮助孩子尽最大努力 / 124

与你的孩子的错误目的有关的正面管教工具 / 126

- 让惯例说了算 / 127
- 和善与坚定并行 / 128
- 提供有限制的选择 / 129
- 请求帮助 / 129
- 运用家庭会议 / 130

本章正面管教工具回顾 / 131

第 10 章　戴蒙的故事：
　　　　关注孩子，而不是关注标签

一个标签只是给出了一个"大致范围"，让父母和老师们能够更好地理解他们的孩子的需求……在这个大致范围内，将我们的每个孩子作为一个个体来理解是我们的责任……

关注你的孩子，而不是关注标签的正面管教工具 / 139
- 帮助其他人转变对你的孩子们的低期望 / 139
- 照顾好你自己 / 142

与孩子的错误目的相关的正面管教工具 / 145
- 在培养新技能的时候，允许感到失望和沮丧 / 146
- 教给孩子解决问题的技能 / 147
- 提供特别时光 / 148
- 提供做出贡献的机会 / 149
- 运用鼓励 / 149

本章正面管教工具回顾 / 150

第 11 章　兰斯的故事：
　　　　通过互动激励你的孩子

我们更加关注的是，如何激励有特殊需求的孩子们将自己视为家庭和群体中有联结、有能力、有爱心和能做出贡献的一员……

通过你的互动来激励你的孩子的正面管教工具 / 155
- 为孩子做出你希望他运用的互动方式的榜样 / 155
- 要赢得孩子，而不是赢了孩子 / 157
- 运用和善与坚定并行 / 159
- 给你的孩子鼓励 / 160
- 着眼于你的孩子的长处 / 161
- 以尊重孩子的方式实施限制 / 161

和你的孩子的错误目的相关的正面管教工具 / 163
- 避免权力之争 / 164
- 既不战斗，也不让步 / 165
- 让孩子有机会建设性地运用权力 / 165
- 提供有限制的选择 / 166
- 做到坚持到底 / 167
- 和孩子共度特别时光 / 169

本章正面管教工具回顾 / 169

第12章　阿里的故事：
相信你的孩子——自我实现的预言

如果我们坚持对孩子向着长期目标前行能力的信念，我们期待的事情成真的可能性就会增大……通过运用正面管教工具帮助你的孩子朝着这些长期目标前进，你们就会从这一努力产生的乐观而积极的前景中获益……

帮助孩子发展你希望的宝贵品质和人生技能的正面管教工具 / 174
- 明确你对孩子的期望和梦想 / 175
- 避免娇纵 / 177
- 让孩子们处境相同 / 181
- 花时间教孩子，并专注于小步骤 / 183

- 给予鼓励 / 186
- 通过你的能量支持对你的孩子表现出信心 / 187
- 放手，并照顾好你自己 / 189

与孩子的错误目的相关的正面管教工具 / 190

本章正面管教工具回顾 / 192

第 13 章 综合运用：
日常生活中的正面管教

这是一个持续的过程，既要理解正面管教的原理，又要培养并应用必要的技能，以便运用我们介绍过的所有工具有效地教给你的有特殊需求的孩子宝贵的品质和人生技能……

为你的旅行做好准备：与你的洞察力有关的正面管教工具 / 196

了解你的环境：改善你的正面管教环境的工具 / 197

制订一个旅行路线：促进日常活动的正面管教工具 / 199

为旅行准备实用物品：

  与你和孩子的互动方式相关的正面管教工具 / 201

遇到困难时有帮助的重要物品：

  与教孩子自律和人际关系技能相关的正面管教工具 / 205

为你的旅程提供帮助的资源网络：

  加强你的支持网络的正面管教工具 / 208

对你的正面管教之旅的鼓励 / 210

结　语 / 211

致　谢 / 215

附　录 / 219

第1章

"可是我的孩子不一样！"

二十世纪初，在维也纳，有一位与西格蒙德·弗洛伊德同时代的精神病学家——阿尔弗雷德·阿德勒，并且，他和弗洛伊德曾是短时期的同事。在开创性的工作中，阿德勒与弗洛伊德分道扬镳，并创立了自己的人类发展理论，这个理论后来由鲁道夫·德雷克斯极大地丰富和完善。正面管教就是以阿德勒和德雷克斯的心理学理论和方法为基础的。

阿德勒相信，所有人的首要动机都是要有归属并感觉到自己重要，而心理健康的人会以对社会有益的方式寻求归属感和自我价值感。我们这里说的"对社会有益"，是指两件事情。第一，我们是指，一个人建立情感联结并寻求自我价值的尝试，能引起其周围的人的积极回应。第二，我们暗含着一个由阿德勒创造的概念，他称之为 Gemeinschaftsgefühl，有时翻译为"社会兴趣"。阿德勒相信，心理健康，可以由一个人为他或她的群体所做的积极贡献的程度来衡量。因而，行为的一个首要目的，是为了遵循这个动机以获得归属感和自我价值感。有时候，孩子们（以及成年人）在如何找到归属感和价值感方面会犯"错误"，并做出"不良行为"。

在日常生活中，我们每个人都在有意识或无意识地做着与如何获得这种归属感相关的决定。这个过程从我们出生那一天就开始了（有些人相信在子宫里就开始了）。这些决定是在我们从出生开始发现自己身处其中的群体背景中逐渐做出的：家里、托儿所、幼儿园、教室、同龄人群体、工作群体，以及更大的群体。理解特殊需求的孩子也在做着有关如何得到归属感和价值感的决定是至关重要的。这些决

> 行为的一个首要目的，是为了获得归属感和自我价值感。我们所有人都在不断地做着与如何获得归属感和价值感有关的决定。

定可能看起来会不一样。如果孩子们被娇惯（对于有特殊需求的孩子的父母来说，这是一个巨大的诱惑），他们可能会决定，当别人给他们"特殊服侍"时，他们才会感觉到自己被爱着，并且可能决定要利用自己的特殊需求来获得归属感和价值感。因而，父母和老师们就会错过帮助孩子做出让他们感觉到自己有能力的决定的机会。另一种可能是，有特殊需求的孩子被忽视，这可能同样会误导他们对如何获得归属感和价值感的决定。

德雷克斯注意到，孩子们很容易以错误的方式满足自己归属的需要，他将这些方式称为"行为的错误目的"（我们将在第2章详细讨论）。他指出，孩子是优秀的察觉者和观察者；如果你怀疑这一点，就带着你的蹒跚学步的孩子到周围走一走，并注意你的孩子花多长时间发现每一样东西无穷无尽的乐趣。然而，孩子们对于自己看到的东西却是众所周知的很差劲的解释者。当他们与自己世界里的人互动时，他们会基于自己对事情的理解来做出决定。这些决定——往往基于错误的解释——会导致他们以让爱他们的大人困惑并且有时非常愤怒的方式追求归属感和价值感。

"可是我的孩子不一样！"

三岁的考特妮患有唐氏综合征[①]，她正在和妈妈玩，家里的电话响了。妈妈站起来去接电话，在妈妈说话的时候，考特妮猛撞妈妈的膝盖并可怜地哭起来。妈妈对考特妮做出"嘘"的手势，这起到了短暂的作用，但一会儿之后，妈妈发现考特妮又在撞她的膝盖。这是一个已经发生过无数次的情形，妈妈又一次恼怒了。但是，她很快挂上了电话，抱起考特妮，带着一点怨恨继续玩她们的游戏去了。

考特妮可能在想什么呢？她一直在跟妈妈玩，电话响了，妈妈就离开了她。考特妮当然注意到了这个情况，但已经学会了曲解它。她可能相信，电话对妈妈来说比她更重要。不然，妈妈为什么会离开呢？当然，这不是事实。然而，"事实"在这里不重要。如果考特妮相信这是事实，她对自己必须怎么做才能从妈妈那里感觉到归属感就会形成一个错误的信念（第2章对错误信念有更多讨论）。她可能相信，她必须是妈妈关注的中心，才能感受到情感连接和自己的重要性。而妈妈可能会觉得，她在任何时候从考特妮身上转移注意力就好像是在忽视孩子。

这种情形可能会并且确实常常发生在很多家庭里，不论是不是有特殊需求的孩子。这是很重要的一点，因为，当阿德勒和德雷克斯提出所有的人都以对社会有益的方式寻求归属感和价值感时，他们并没有说不包括自闭症的孩子，或脑瘫的孩子，或唐氏综合症的孩子，或注意力缺乏多动症的孩子，或发育迟缓的孩子，或各种各样任何我们称之为"特殊需求"的孩子。所有的孩子都容易对自己的经历做出错误的解释，并追求错误的目的。然而，

[①] 又称为先天愚型，是最常见的严重出生缺陷病之一。临床表现为：患者面容特殊，两外眼角上翘，鼻梁扁平，舌头常往外伸出，肌无力及通贯手。患者绝大多数为严重智能障碍并伴有多种脏器的异常,如先天性心脏病、白血病、消化道畸形等。——译者注

阿德勒明白，当出现以下一种或几种情况时，孩子们基于其错误解释做出决定的倾向就会更严重：

1. 他们被娇纵。
2. 他们被忽视。
3. 他们有残疾（handicapped）。（阿德勒使用这个词的时候，handicapped 还不被看做是带有歧视性的词汇）。

有特殊需求的孩子可能会被娇纵。当父母娇纵孩子时，通常会低估孩子的能力，并且把孩子的疾病作为降低期望的正当理由。这些孩子们可能会足够聪明地利用父母的同情，让父母相信他们比实际上需要更多照顾。

其他有特殊需求的孩子可能会被忽视，因为他们的父母是如此沮丧，以至于会在情感上——如果不是身体上的话——放弃并忽视自己的孩子。这些孩子得不到他们需要的指导，来帮助他们以对社会有益的方式找到归属感和价值感。

无辜行为

正如我们在后面几章将会看到的，有特殊需求的孩子们可能会表现出与社会期望不符的行为，但这些行为是"无辜的"，也就是说，是与孩子的特殊疾病有关的。比如，当一个患有抽动秽语综合征[①]的孩子发出怪声时，他很可能不是在做出不良行为。这通常是由他的疾病导致的一种"无辜行为"。

---

① 也称为妥瑞氏综合征，是一种严重的神经紊乱症；特征为面部和身体其他部位的经常性抽搐；是以进行性发展的多部位运动和发声抽动为特征的抽动障碍；部分患儿伴有模仿语言、模仿动作。——译者注

然而，我们对这种行为的回应却能决定这种行为是否会变成错误目的行为。这个孩子的特殊需求并不会使他的所有行为都成为"无辜的"。正如我们在后几章将会看到的那样，有特殊需求的孩子也会追求错误目的。区分这两种行为（无辜行为和错误目的行为），对父母和老师们来说是不同寻常的挑战。我们的目的就是要提供给父母和老师们对这两种行为有用的正面管教概念和工具。

镜　头

正面管教当然治愈不了上面提到的任何一种疾病。然而，由于归属感和价值感对于拥有幸福而充实的人生是如此重要，我们必须找到帮助所有的孩子达成这个目标的方法。特殊需求幼儿的父母们要奋力应对很多必须始终兼顾到的额外的事情。这些事情包括任何父母都要面对的事情：早上让孩子起床并送出门，晚上让他们上床睡觉，给孩子穿衣服，给孩子提供有营养的食物，设法让孩子学习使用马桶（这是一种比考虑如厕"训练"好得多的方式），寻找儿童看护等等。他们必须在这些事情之外，再加上自己孩子的疾病造成的复杂情况。此外，他们还必须想办法从工作中请更多的假，去拜访医生、诊所、医院，参加特殊教育会议，或者及时赶上自己的其他孩子的足球赛。

在为有特殊需求孩子的父母们举办的养育课堂上，我们会努力将正面管教作为父母们以不同的方式看待自己的孩子（和他们自己）的一个镜头——而不是一种治疗方法——提供给这些父母。可以说，这些父母们有两个观念需要克服。第一个是他们抱有的传统的养育观念，即，当孩子们做出不良行为时，他们必须受到惩罚，才能学会不再犯，而当他们"好"的时候，必须受到奖励，以确保这种好行为能够继续。第二个观念可能让很多父母们更难以克服。这种观念暗示，由于特殊需求的孩子表现出的挑战性行为的类别不同，所以他们也没有与其他孩子一样的对归属感和价值感的需要。在第一次课上，我们会给这些父母发放3D眼镜，作为一种体验方式，以强调以不同的方式看待他们的孩子的行为以及他们自己对孩子行为的回应。

让我们说的更明确一些吧：任何有特殊需求的孩子，都仍然有以引起周围人的正面回应来得到归属感和价值感的同样需要。所不同的是，我们作为父母和老师，必须怎样改变我们与他们的互动方式，以考虑到他们的特殊需求，而不让这些特殊需求阻碍我们对孩子内心世界的洞察。

教 育

特殊需求孩子的父母们始终都知道，他们的孩子应该得到与其他孩子一样的爱和关注。他们也始终知道，他们的孩子应该得到能够激发其最大潜能的教育。作为一个社会，我们没有始终以应有的紧迫感对待有特殊需求孩子的教育。

1975年，美国国会通过了一项具有里程碑意义的法律，《所有残疾儿童教育法》（Education of All Handicapped Children Act），简称94—142公法（PL94—142）。多年来，该法案经过修订和更新，现在称为《残疾人教育法》（Individuals with Disabilities Education Act，IDEA）。本质上来讲，这项国内法开始明白了父母们早就知道的一点：我们的孩子，我们所有的孩子，必须使他们的教育得到认真对待。这项法律保障了所有特殊需求孩子享有"免费并合适的公立教育"的权利。它还保障了特殊需求孩子的父母们参与自己孩子的教育的权利，以及在与学校的分歧中得到辩护和审理的权利。

根据美国教育部的资料，在1970年，只有五分之一的有特殊需求的儿童接受教育。有几个州实际上有拒绝特殊需求儿童入读公立学校的法律。很多孩子被送进社会收容机构，而他们的教育被忽视了。虽然我们这些在特殊教育领域工作的人都清楚地知道有时候需要大量的证明文件，但自从特殊需求孩子的父母们说服国会实施《残疾人教育法》以来，该法律对于改变整个社会对这些孩子的看法发挥了积极的作用。

无论是从事特殊教育还是普通教育的老师，都面临着满足具有各种特殊需求孩子的教育需要的任务。这些孩子中有一些是全日在特殊教育学校上学，有一些是全日在普通学校上学，还有很多是在两种学校都上课。他们会共同遇到的一件事情是，当他们的行为不是"对社会有益"时，会阻碍他们从自己的课业中吸收知识的能力。毫不夸张地说，特殊需求孩子的老师们会感到这些行为是很大的挑战。

四岁的卡莱布参加了美国健康和人类服务部在当地的启智计划举办的幼儿园。当地的儿童早期特殊教育机构（Early Childhood Special Education，ECSE）[①]已经发现他发育迟缓。尽管卡莱布显然很聪明，但他连教室里最简单的要求都难以做到。他拒绝在圆圈时间和孩子们坐在一起，而是冲到了画架下面。当老师鼓励他出来，找个位置和其他小朋友坐在一起时，他喊道："不！"并告诉老师，他想马上到教室外面去。当老师向他保证，大家一会儿都会去外面，但要先进行圆圈时间时，他跳了起来，跑到教室中间，戏剧性地抱起双臂，大喊道："好吧！"但他还是不参加圆圈时间。

---

① 是一个由州和联邦政府批准的，旨在为那些符合资格的发育迟缓的孩子（3~5岁）提供特殊教育以及相关服务的项目。——译者注

美国全国的教育学院在目前为热心的教师们提供的课程中，讨论了此类挑战行为，并提供了几种不同的解决方法。这些解决方法的共同点，是将卡莱布这样的行为看作是必须克服的障碍，以便孩子们从学校提供的积极教育经历中能有越来越大的收获。（我们在本章结尾会再次提到卡莱布的例子。）为了理解孩子们在课堂环境中的行为，很多课程都向老师们教授功能行为评估，这是一种运用细节观察的工具以确定像卡莱布这样的孩子想从自己的行为中得到什么，或者想以这种行为寻求避免什么的方法。另外，值得称赞的是，在教育学院的研究生院现在教授的很多行为学方法，正在开始认可老师和学生之间的关系对于帮助学生管理自己的行为所具有的力量。最后，一些经过精心研究的方法，例如"积极行为的干预与支持"（Positive Behavioral Interventions and Support，PBIS），已经发现任何一种方法都必须至少在全校范围内(最好在全学区范围内)教授，并且要分成一些不同的层次，从针对大多数学生的普通课程，到针对那些有更明显挑战行为的孩子的特殊干预方式。

家庭和学校教育的长期目标

有了为热心的老师们做的这种准备，想知道正面管教能提供什么不同的并且能加强和增进诸如"积极行为的干预与支持"之类的方法，就很合理了。要回答这个问题，让我们先一起做个练习。想一个有特殊需求的孩子，如果你是父母就想你自己的孩子，如果你是老师，就想你认识的一个学生。把你发现的他们最有挑战的行为列出来。如果你像我们的养育讲习班中的父母和老师们一样，这个清单就会像下面这样：

- 尖叫　　・古怪的固恋
- 打人　　・扰乱课堂
- 大发脾气　・跑开
- 哼唧　　・躲藏
- 难伺候　・拒绝

对于很多人来说，这个清单可以一直列下去。现在，让我们先放松一下。当你读完这一段后，把书放下，闭上你的眼睛。想象你正舒服地坐在自己家的客厅或教室里，而且三十年已经过去了。你听到有人敲门。门一开，走进来的是我们在上面列挑战行为清单时你想到的那个孩子。这个孩子现在长大了，年龄介于30~38岁之间。你希望这个在你的客厅或教室里的成年人是什么样的呢？

和刚才一样，如果你像我们的养育讲习班中的父母和老师们一样，这个清单会包括以下内容：

- 自信　　・尊重
- 有教养　・独立
- 有同情心　・健康
- 有幽默感　・好父母
- 有工作　・可爱
- 诚实　　・善良

（我们最喜欢的一个回答来自一位父亲。当被问到他希望30年后自己的儿子怎样时，他回答："只要来看我就好。"这是多棒的一句描述孩子独立性的话啊！）

采用正面管教的方式，我们注重的是长期效果。我们关心的是我们的孩子将来会成为什么样的男人、女人、父母和公民。事实上，在很多父母课堂中提倡并在很多教育学院里教授的行为学方法是有用的。是的，你没看错！奖励和惩罚管用。那些建立在给好行为奖励贴纸、有坏行为就丧失某种权力之上的方法，在短期内都是有效的。正面管教——一种在相互尊重的基础之上，运用和善与坚定并行，强调解决问题并教给孩子有价值的社会和人生技能的可靠方法——可能不会提供立竿见影的结果，尤其是如果你现在采用的方法与正面管教非常不同的话。然而，我们相信，正面管教会让孩子们培养出你在上面所列出的第二个清单中的那些性格特点和所需的技能。正面管教的理念得到了最近的公众健康研究的支持，该研究表明，可靠的管教方式会让孩子们培养出对自己生活的更强的责任感，并且会让他们的学业更成功[1]。正面管教还得到了过去二十年研究结论的支持，这些研究确认了孩子和大人（父母以及老师）之间的情感联结对孩子大脑的最佳发育的重要性。

回到卡莱布的教室里，他的老师运用了正面管教中的一个技巧，她先问自己对卡莱布的行为有什么感受，因为她知道，这是帮助她理解卡莱布行为背后的信念并进而找到可能的解决方法的一个线索。她意识到，她对这种行为的反复出现感到恼怒，并且担心卡莱布不能像其他孩子那样从圆圈时间的乐趣中受益。这位老师的情感反应是表明卡莱布在寻求"过度关注"这种错误目的的一个有力线索。（你会在下一章学到如何确定错误目的。）有了这种认识，她制定了一个计划。

下次圆圈时间之前，她给卡莱布看了一张"首先/然后"的纸。纸上有两幅画：在"首先"下面，是孩子们的圆圈时间的画；在"然

---

[1] Jody McVittie and Al M. Best, "The Impact of Adlerian—Based Parenting Classes on Self—Reported Parental Behavior," Journal of Individual Psychology 65 (fall 2009):264—85。——作者注

后"下面，是孩子们在外面玩的画。她还告诉他，她非常期待和他在外面玩捉迷藏。在圆圈时间，卡莱布还是<u>坐立</u>不安。老师看到他时不时垂下眼睛瞅那张"首先 / 然后"的纸，但他一直坐在圆圈中，直到去外面玩的时间。之后的捉迷藏游戏，他玩得开心极了！

将一个挑战行为当作一个教给孩子社会和人生技能的机会，以帮助你的孩子成长为一个有能力、快乐、有贡献的成年人，会让人倍受鼓舞。要在欣赏你现在的孩子的同时，记住这个最终结果。

第 2 章

试试这些新镜头！

　　四岁的艾伦口头表达能力极为有限；除了他的父母，他很少和其他人交流；他不像同龄的其他孩子那样玩玩具；当听到周围的某种声音或有人靠他太近时，他会表现出警觉或生气。艾伦所在学区的评估小组认定他符合自闭症谱系障碍的标准，并和他的父母共同认定，在当地公立小学的一所早期儿童特殊教育幼儿园里，他的教育需要能够得到最好的满足。在他入学的头两周里，到达学校时，艾伦会牵着妈妈的手从汽车走向学校大楼。但是，之后，一旦穿过学校的大门，艾伦就开始倚在妈妈身上，然后就停下来不走了。他的妈妈一边用话语提醒他要自己走路，一边轻轻拉着他往前走。他的身体常常向后使着劲。然后，他会坐在学校走廊的地板上，并开始用两只手掌反复拍打地面。有时候，他的妈妈会把他提起来，带进教室。另一些时候，她尽量帮他自己走路——架着他，使他保持站姿，以便他的双脚能够支撑一些体重，然后匆匆穿过走廊进入教室。大多数时候，艾伦都是被动地由妈妈要么抱着他，要么"架着他"。偶尔，他会用更大的力气从妈妈手中挣脱，挠她的胳膊，然后坐在地上尖叫、哭闹。

这是特殊需求儿童独有的行为吗？不。像这样的一种情形——孩子在开始上一个新学校之初表现出不情愿——在童年早期是常见的，不论孩子是否有特殊需求。新学年伊始，一间都是陌生人的新教室，对任何一个小孩子来说可能都是一种吓人的经历。班里的人几乎都不认识，他可能感觉不到归属。在教室里几乎没待过，任何一个孩子刚开始可能都不理解其目的是什么，在那里也感觉不到价值感。结果，他可能会试图以并非有益的方式获得归属感和价值感。

当一个孩子有特殊需求时，与其疾病相关的种种限制（例如，沟通能力的发育迟缓，处理来自各种感官信息的困难，认知发育迟缓，等等）会导致更严重的不适。由此导致的行为可能会因为两个原因而显得很夸张。第一，置身于这个新的、不熟悉的环境中，孩子对于寻求归属感和自我价值感可能会有相应的恐惧。第二，他表现不适的方式，对周围的人来说，可能看上去不寻常，甚至让人害怕（比如，一个不说话的孩子可能会发出很大的噪声，一个有感觉调节损伤的孩子可能以不常见的方式活动身体，一个信息处理有困难的孩子可能不会迅速做出反应或可能显得不理解）。

无论是对有特殊需求的孩子还是没有特殊需求的孩子，正面管教对他们的错误行为的看法是相同的：（1）孩子们有寻求归属和自我价值感的需要。（2）那些在如何获得归属感和价值感方面有错误信念的孩子，可能会决定采取并非有益的行为。（3）理解这些错误信念，能够使父母们和老师以有帮助的方式做出回应。

正面管教的思考方式

· 孩子们需要归属和自我价值感。

· 对归属感和自我价值感的错误信念，可能导致孩子做出"不良行为"。

- 理解错误信念能让我们做出有帮助的回应。

更进一步，正面管教的思考方式把每个孩子都看作独一无二的、有价值的，既考虑到他们的长处也考虑到学习方面的挑战。正如我们会鼓励任何父母或老师选择与孩子和具体情形相适应的正面管教工具一样，我们鼓励对这些工具做出调整，以使其对有特殊需求的孩子适合并有用。

在本章，我们会用一些例子来说明怎样用正面管教的镜头来看待有特殊需求孩子的挑战行为。进而，我们将提出"错误目的表"，这是正面管教的一张"路线图"，能够（1）当一个有特殊需求的孩子以并非有益的方式行事时，确定是哪一个错误信念在起作用，（2）决定怎么做，以预防并对错误目的行为做出回应。对有特殊需求孩子的父母和老师们来说，重要的是要理解，我们确定孩子行为背后信念的方式对任何一个孩子都是一样。在这方面，你的孩子的特殊需求只是需要考虑的一个因素，因为任何一个孩子都会形成并表现出错误目的的行为。

正面管教的镜头

所有的孩子都追求归属感和自我价值感

上面例子中的艾伦有归属感和自我价值感的需要吗？有人可能会说："不，艾伦不需要归属感，他有自闭症！"然后继续相信有自闭症的孩子没有能力发展亲密的人际关系，并且不会表现出归属的需要，也不会有归属感的需要这一类的荒诞说法。类似地，他们可能会说："不，艾伦没有自我价值感的需要或自我价值感，因为他能力发展的迟缓，加上感觉障碍，妨碍了他对自我价值感的理解。"

通过正面管教的镜头，我们相信艾伦和所有患有生理缺陷疾病的孩子们，不论其残疾的类型或程度如何，都有**对归属感的需要和归属感**。尤其是对于那些建立和保持人际关系有困难的孩子来说，归属于一个鼓励、滋养的群体是极其重要的。

此外，那些与别人有效交往的能力因疾病而受到影响的孩子确实能感觉到归属感。比如，当一个患有自闭症的小孩子冲着自己爸爸的方向跑过去（当爸爸到他的学校时），并且开始跳跃，挥舞手臂，发出开心的声音，自始至终没有直视爸爸的脸时，我们能观察到这一点。当一个患有焦虑失调症的孩子和妈妈一起到邻居家拜访，他把身体紧紧地靠在妈妈身上时，这一点也很明显。当一个受多种残疾严重影响（视力损伤，畸形损伤、严重智力迟钝）的孩子在听到自己父母的声音时微笑或者将头转向照料人的方向时，我们能看到这一点。上面例子中的艾伦，拉着妈妈的手，挣扎着往反方向使劲，让她抱着自己或者架着"走"过大厅。这些都只是有特殊需求的孩子表现出他们的归属感的小例子。

我们承认，辨认出一个孩子表明其对归属的需要和归属感的行为可能会很难。然而，孩子们通过行动满足自己内在的对归属感的需要的努力是不可动摇的。作为这些孩子的父母和老师，我们必须接受挑战，将他们所做的事情看作是获得归属的尝试，就像我们对任何孩子一样。然后，我们必须帮助他们用更明确并且更有益的方式表达出这些尝试。

> 我们必须接受挑战，将孩子们所做的事情看作是获得归属的尝试，就像我们对任何一个孩子一样。

通过正面管教的镜头，我们相信艾伦和所有患有残障疾病的孩子们——不论他们的残障种类和程度如何——都有自我价值的需要和自我价值感。如果给他们提供其能力范围内的一种选择方法（例如，用语言、指着图画、眼睛注视、把身体转向想要的物品，等等），有特殊需求的孩子通常就会做出相应的回应，表明哪种方式对他们来说是有意义而重要的。如果提供的东西不是他们喜欢的，有特殊需求的孩子可能会用许多方法（用语言、哭泣、推开、走开、闭上眼睛，等等）拒绝。

通过做出选择以及拒绝物品或活动，有特殊需求的孩子表达自己对自我价值感的需要以及自我价值感。他们的话语或行为会表达：我选择这件东西，因为它对我很重要；或者，我拒绝这件东西，因为它对我不重要。

在艾伦的故事中，他对自我价值感的需要以及自我价值感表现在他在学校门口停下来的时候，在他往反方向使劲的时候，在他让妈妈抱着他或者架着他"走路"的时候。特殊需求孩子采取的试图获得自我价值感的行为有很多。随着你对自己的孩子如何表现出对自我价值感的需要和自我价值感有更多的了解，你就能帮助他们学到更多表达自己的有益方式。

对归属感和价值感的错误信念导致不良行为

为了理解如何帮助有挑战行为的特殊需求孩子，我们必须首先理解这些行为背后潜在的错误信念。通常，在没有明确意识到的情况下，我们的孩子们一直在做着有关他们自己、他们的世界以及他们必须怎样做才能在其中茁壮成长或生存的决定。正如我们在第1章里考特妮的故事中看到的那样，这些决定有可能建立在对归属感和价值感的不准确的解释之上——换句话说就是，建立在错误信念之上。当孩子们基于错误信念而做出并非有益的行为时，可能会招致他们的父母、老师产生厌恶感，进而激起不想要的回应。对"错误目的表"（见第20~21页）的分析，将帮助你清晰地了解孩子的挑战行为背后可能隐藏的错误信念。

正如我们在表中看到的那样，当孩子做出无益的行为时，这些行为背后有四种错误信念（第五栏）。与每种错误信念相应的，是一个孩子在没有清晰意识到的情况下，通过其错误行为显露的一个错误目的（第一栏）。这些信念和与之相关的目的之所以被认为是错误的，是因为它们会导致孩子为获得归属感和价值感而做出错误的尝试。

大人对孩子行为的感受和回应（第二栏和第三栏），以及孩子对大人阻止其行为所做尝试的回应方式（第四栏），是找到孩子行为背后的错误目的的线索。通过揭示错误目的，大人就能够理解孩子行为背后的错误信念，理解孩子真正想要传达的"密码信息"（第六栏），用积极主动和鼓励性的回应（第七栏）代替无效的回应。

你怎么知道你的有特殊需求的孩子的行为与导致他为获得归属感和自我价值感而做的尝试有关呢？下面这个例子会有帮助：

五岁的诺亚很喜欢他就读的社区学前班的圆圈时间。尽管他有发育迟缓病史，尤其在沟通方面，但他经常用他所掌握的语言，让别人知道他的需要和愿望，并表达他对事情的看法。在每天的圆圈时间，他经常多次大声打断老师说话，要求播放他喜欢的歌曲和故事，或者表达他对老师所选歌曲或故事的反感。老师对诺亚一而再、再而三的插话感到很恼怒，经常提醒他在老师和别人说话时要保持安静。他通常会安静大约一分钟，但之后会继续插话。有时候，诺亚会特别执着地说出自己的想法并且会在说话的时候站起来，不知疲倦地努力要让老师听并且做出回应。

这个场景中，诺亚在圆圈时间不断地打断老师说话的行为背后隐藏了哪些线索，能帮助我们理解他的动机呢？首先，我们来看看老师的反应：她感觉到恼怒，并且频繁地提醒诺亚在别人说话的时候保持安静。诺亚对这些提醒的反应是什么呢？他通常会暂时停止，但是之后会继续其不受欢迎的发言，如果他的插话不奏效，他还会站起来说。仔细查看错误目的表的第二、第三和第四栏后会发现，诺亚错误地相信，只有当他被人注意时，他才重要或有归属（第五栏），与他的行为相关的错误目的是寻求过度关注（第一栏）。也就是说，诺亚不断打扰老师说话这个行为背后的动机，是通过得到过度关注，他就能获得归属感和价值感这一错误信念。如果诺亚穿着一件能让老师看到的写着其行为背后信息的衬衫，上面会是用黑体字写着："**注意我！让我参与并发挥作用！**"

要回应诺亚的这个隐含信息，老师可以在圆圈时间开始前，让他选择一首最喜欢的歌曲或一个故事。圆圈时间进行中，如果诺亚捣乱，老师可以把手轻轻地放在诺亚的肩上，而忽视他的大发脾气。诺亚改变行为可能需要一会儿时间，但忽视这个"不当行为"会让老师能更容易坚持到底，因为她知道，她已经给了诺亚恰当的关注，并且对他很有耐心并相信他最终能够认识到怎样做管用，怎样做不管用。

六岁的瑞贝卡喜欢收集玩具小马，这个兴趣始于两年前，当时她在学前班，她们班组织去当地的农场参观。从农场回来的路上，她的妈妈在一个商场停了下来。当妈妈找齐了晚饭需要的食品杂货时，瑞贝卡在收银台旁边发现了一套马和马厩的玩具。当妈妈开始结账时，瑞贝卡把几个玩具小马放在了传送带上。妈妈边说边用手语给她有听力障碍的女儿瑞贝卡解释，今天只能买食品杂货。

瑞贝卡拒绝把小马玩具放回货架，而是将它们搂在传送带上。妈妈感觉受到了瑞贝卡的不合作行为的挑战，便带着瑞贝卡迅速回到货架旁，强迫她把小马放了回去。在妈妈返回收银台的过程

错误目的表

孩子的目的是：	如果父母/老师的感觉是：	而且想采取的行动是：	如果孩子的回应是：	孩子行为背后的信念是：	密码信息	家长/老师主动的、鼓励性回应，包括：
寻求过度关注（让别人为自己忙或者得到特殊服侍）	心烦 恼怒 担心 愧疚	提醒 哄劝 为孩子做他们自己能做的事	暂停片刻，但很快又回到老样子，或换成另一种打扰别人的行为	唯有得到特别关注或特别服侍时，我才有归属感。唯有让你们为我团团转时，我才是重要的。	注意我，让我参与并发挥作用	通过让孩子参与一个有用的任务，转移孩子的行为以获得有益的关注；说出你该下来。"）；避免特殊服侍；相信孩子能处理自己的情感（不要去补救或帮他处理；安排特别时光；帮助孩子制定日常惯例表；让孩子参与解决问题；召开家庭会议/班会；设定些无言的信号；忽视孩子的行为，同时把手放在孩子肩膀上。
寻求权力（我说了才算）	受到了挑战 受到了威胁 被击败	应战 投降 心想"你想逃脱"或者"谁我"怎么收拾你"	行为变本加厉。屈从而内心不服。即使家长/老师生气，他/她仍觉得自己赢了。消极对抗（嘴上说好但是并不照做）	唯有当我主导或掌控或证明谁也主导不了我的时候，我才有归属感。你制服不了我。	让我帮忙，给我选择	通过请孩子帮忙，引导孩子把权力转向积极的方面；提供有限制的选择；既不要开战也不要投降，而是撤离冲突；坚定而和善，不说，只做；决定你要做的事；让习惯例说不算，离开并让自己冷静下来；培养相互的尊重；设立一些合理的限制；练习坚持到底；运用家庭会议或班会。

错误目的表

孩子的目的是：	如家长/老师的感觉是：	而且想采取的行动是：	如果孩子的回应是：	孩子行为背后的信念是：	密码信息	家长/老师主动的、鼓励性回应，包括：
报复（以牙还牙）	伤害 失望 难以置信 憎恶	反击 以牙还牙 心想"你想怎么能对我做这样的事？"	反击 变本加厉 行为升级或换一种武器。	我没有归属感，受到伤害就要以牙还牙。没人喜欢我，没人爱我。	我很伤心，认可我的感受	承认孩子受伤的情感；避免受伤的感觉；避免惩罚和还击；建立信任；反射式倾听；说出你的感受；做出弥补，表现你的关心；不说，只做，鼓励其长处；不要偏袒任何一方；运用家庭会议或班会。
自暴自弃（放弃，且不愿别人介入）	绝望 无望 无助 无能为力	放弃 替孩子做他们自己能做的事情 过分帮助	更加退避 变得消极 毫无改进 毫无响应	我没办法归属，因为我不完美。所以我要让别人知道不能对我寄予任何希望；既然我无助且无能，做什么都做不好，努力也没用。	不要放弃我。让我看到迈出一小步	把任务分解成小步骤；停止批评；鼓励任何一点点的积极尝试；相信孩子的能力；不要放弃；关注孩子的优点；不要怜悯；创造成功的机会；教给孩子技能，示范该怎么做，但不要替孩子做；真心喜欢孩子；以孩子的兴趣为基础；运用家庭会议或班会。

中，瑞贝卡抓起小马，拿着它们跑向附近的一条通道。妈妈能看到她，但不能轻易抓到她。这时，妈妈在用手语的同时，大声告诉她：把小马放回到货架上。瑞贝卡把小马玩具紧紧抱在胸前，站在原地没有动。由于不想在商场里当众大吵大闹，瑞贝卡的妈妈告诉她会给她买一个小马玩具。瑞贝卡放下了两个小马，拿着一个和妈妈去了收银台。从那天起，不论何时，她们一起购物的商店只要有这种可爱的小马玩具，瑞贝卡的妈妈都会给她买一个。现在，她收集的小马已经有一百多种了！

让我们审视一下能帮助我们理解瑞贝卡的不受欢迎的行为背后的动机。她的妈妈因为瑞贝卡的不合作而觉得受到了挑战。进而，她通过强迫瑞贝卡把小马玩具放回去，来要求瑞贝卡服从指令。而瑞贝卡通过抓起玩具并跑开，强化了自己的行为。妈妈通过让瑞贝卡买一个玩具而做出了让步。瑞贝卡放下了另外两个玩具，带着内心的不服让步了。

这看上去当然好像是瑞贝卡正在将一个错误信念——只有当她控制并证明妈妈不能主导她时，她才有价值和归属——付诸行动。如果事实确实如此，瑞贝卡的错误目的就是寻求权力。当瑞贝卡以能让她感到控制和有力量的方式行事时，她才能感觉到归属感和价值感，即使这些行为会极大地减少母女外出的乐趣。如果瑞贝卡穿上一件写着她的"密码信息"的衬衫，上面会是："**让我帮忙，给我选择**！"

如果瑞贝卡的妈妈对衬衫上的"密码信息"做出回应，她应该通过给自己的孩子以下选择，来处理这个情形："我需要你的帮助来攒钱买小马。你想把自己的钱存起来买一个还是三个小马？你认为这需要多长时间？你来决定。"瑞贝卡很可能会做出一个选择，因为拥有一个选择，她会感觉自己被赋予了力量。

试试这些新镜头！

嘉斯敏是个二年级的学生，课堂上总是停不下来。尽管她所有功课都达到了年级水平，但她在课堂上的冲动行为和话语，再加上她总是不停地动来动去（总是站起来并离开座位，或者有时将椅子向后摇晃到要摔倒的程度），让她的老师每天都把她送到校办公室。在校办公室，嘉斯敏要向副校长报告发生的事情，副校长会就教室里应该有什么行为对她进行训导。

最让她的父母和老师担心的，是她对一位新同学的不尊重行为。比如，有一天，嘉斯敏刚从校办公室回来，她坐在自己的座位上，她的同学从她旁边经过时，她把脚伸到了过道上。那个女孩子被绊倒在地，两个手掌都擦伤了，眼镜也摔坏了。嘉斯敏的老师对她居然对新同学做出这种行为感到很震惊、很生气。她把嘉斯敏送回了校办公室，并告诉她可能会被暂时停学几天。

当嘉斯敏听完副校长又一次训导并回到教室后，老师发现她用钢笔尖在课桌上弄出了一个洞。最后，在她父母的提议下，嘉斯敏接受了一个多学科小组评估，确定她患有注意力缺陷多动症[①]。

这个故事清楚地说明了一个行为不端的孩子如何是一个丧失信心的孩子。让我们在错误目的表的框架内来看看这个故事，以便通过正面管教的镜头理解嘉斯敏的行为。嘉斯敏对其同学的轻率行为，让老师感到失望和难以置信。她的老师以把她送回校办公室作为回应，并且在这个惩罚之上又加了点"料"——威胁她

[①] 注意力缺陷多动障碍（Attention deficit hyperactivity disorder）简称"ADHD"。又称"多动症""轻微脑功能障碍""多动性注意缺陷障碍"。儿童发育过程中出现的以活动过多为主要特征的一组综合征。主要表现有：活动过多、注意力不集中、易激动、冲动、任性、情绪不稳定、攻击、动作不协调、学业失败、同伴关系差。病因尚不清楚。一般到少年期能自然缓解。可采用心理治疗、药物治疗和特殊教育等方式进行治疗。确认要经过医生正规检查，不可随意把一般好动活泼的儿童归为"多动症"。——译者注

可能会被暂时停学。回到教室后，嘉斯敏选择了另一个"武器"——毁坏学校财物。对这个情形的分析导致我们得出结论：嘉斯敏的归属感因她每天面临的惩罚——被从教室里赶出去——而受到了极大损害。她有"我没有归属，所以我在感到伤心的时候要伤害别人"这样的错误信念，也就不足为奇了。报复这个错误目的，就是她的错误行为背后的驱动力。如果她穿着一件写有"密码信息"的衬衫，上面会写着："**我很伤心，认可我的感受。**"

如果老师和副校长理解嘉斯敏的错误目的，他们就能通过猜测什么事情让嘉斯敏感到伤心并认可她的感受，来停止这个报复循环。以报复为错误目的的孩子，当他们的感受得到认可时，通常就会感觉受到了鼓励。那样，嘉斯敏可能就会愿意努力想出一个让她待在自己座位上的解决方案。当报复循环被打破后，她就很可能不去伤害别人了。如果她继续伤害别人，最有效的方式依然是认可她的感受，然后跟所有相关的孩子一起寻找解决方案。

六岁的约书亚在两岁时被发现患有严重的语言和沟通迟滞。尽管他能够明白别人跟他说的大部分话，但他的表达性语言则明显落后于同龄的孩子。当他努力用完整的句子清晰地表达自己的想法时，他似乎能意识到他的同学们并不总能明白他发音不清的话语。

一年级开学的头一个月，在小组讨论中，他的老师常常感到自己没有足够的能力让约书亚参与。他不主动，而且当老师不论什么时候点名让他分享自己的想法时，他都会坐在椅子上往后缩，低垂着眼睛，一句话也不说。像这样过了几周后，约书亚的老师请求考虑把他调到特殊教育班级，因为她对普通班级能给约书亚什么帮助几乎不抱希望。

由于约书亚对自己的沟通障碍感到非常沮丧，当老师努力邀请他参与时，他很消极，并毫无响应。他的老师觉得无能为力和无望，并最终对他不再抱有希望，认为可能别的班级比他目前所在的主流课堂班级更适合他。对错误目的表的审视表明，约书亚的错误信念是他无法归属，以及他没有能力很好地参与同学们的讨论。约书亚是依照自暴自弃这一错误目来行事的。如果他穿着一件印有他的"密码信息"的衬衫，上面会写着："**不要放弃我！**"以及"**让我看到如何迈出一小步！**"

一位理解自暴自弃这个错误目的的老师，会竭尽全力将重点放在能帮助约书亚感觉受到鼓励并放弃认为自己无能的信念的一些小步骤上。首先，她可以通过让班里的孩子们彼此两两结对，讨论一些特定的问题，为约书亚和他的同学们感受到成功提供机会。然后，她可以请大家回到大组中，挨着自己的伙伴坐下，分享他们学到了什么。约书亚在与一个伙伴一对一的交流中体验到的成功，会提高他的归属感和价值感，提升他在全班面前说话的信心。

这本书后面几章，我们会介绍一些十分宝贵的正面管教工具——父母或老师主动和鼓励性的回应（第七栏）——当我们的有特殊需求的孩子出现不良行为时，我们就可以使用。这些工具能够帮助孩子们将与寻求过度关注、寻求权力、报复和自暴自弃这些错误目的有关的行为，替换为从长远来看能帮助他们在家庭和社会获得并保持真正的归属感和价值感的行为。

有些无辜行为可能被伪装成不良行为！我们如何分辨？

在我们一开始对理解有特殊需求的孩子的挑战行为背后隐藏的信念进行分析时，针对你担心的这种行为所问的最重要的一个问题，不是"这个行为是对社会有益的吗？"这个行为很可能是对社会无益的，这正是让你担心的原因。更重要的是，你一开始要问："这是一个社会引发的行为吗？"用正面管教的话来说，就是"这个行为是由孩子对归属感和价值感的错误信念引起的吗？"

在前面艾伦的例子里，我们看到他表现出了很多并非对社会有益并且能够对其社会动机进行审视的行为。要考虑哪些行为是由社会引发的，并和与归属感以及价值感有关的错误信念有联系，列出他的行为的后果并逐一审视，是有帮助的。下面是艾伦所做的并非对社会有益的行为：

- 在学校门口，他靠在妈妈身上，并且不再往前走
- 他从妈妈身边挣脱
- 他坐在学校走廊的地板上
- 他用两只手掌反复拍打地面
- 他被动地让妈妈把他弄进教室里
- 他用更大的力气从妈妈身边挣脱
- 他抓挠妈妈
- 他坐在走廊上大哭大叫

这些行为中有哪些是由社会引发的，从而与艾伦对归属感和价值感的错误信念有关呢？为回答这个问题，让我们再看看错误目的表。对这个表的清晰理解，将极大地帮助我们确定艾伦的行为在何时变成了由社会引发的问题。

为了我们现在对艾伦行为的仔细观察，让我们关注错误目的表的第二栏，它显示的是大人的感受，第五栏，显示的是孩子行为背后的信念；以及第一栏，显示的是孩子的目的。艾伦采取的每个行为（上面列出的）相关的隐藏的错误信念，与这种行为引起的妈妈的感受有关。通过和艾伦的妈妈交谈，他的老师记录下来的妈妈的感受如下：

- 他在学校门口靠在妈妈身上，并且不再往前走：平静
- 他从妈妈身边挣脱：有一点恼怒
- 他坐在学校走廊的地板上：担心
- 他用两只手掌反复拍打地面：平静
- 他被动地让妈妈把他弄进教室里：愧疚
- 他用更大的力气从妈妈身边挣脱：受到挑战
- 他抓挠妈妈：难以置信
- 他坐在走廊上大哭大叫：无助

所以，让我们回到之前的问题：艾伦这些行为中有哪些是由社会引发的，从而与他对归属感和价值感的错误信念有关呢？通过他的妈妈对每个行为的感受，我们看到以下行为是由社会引发的，进而与错误目的有关：

- 他从妈妈身边挣脱：寻求过度关注
- 他坐在学校走廊的地板上：寻求过度关注
- 他被动地让妈妈把他弄进到教室里：寻求过度关注
- 他用更大的力气从妈妈身边挣脱：寻求权力
- 他抓挠妈妈：报复
- 他坐在走廊上大哭大叫：自暴自弃

那么，艾伦的第一个行为——在学校门口靠在妈妈身上，停止向前走——没有引起妈妈的感受，该怎么看待呢？这当然不是对社会有益的行为，因为这对正试图让他顺利地进入教室的妈妈来说，是没有帮助的。然而，因为妈妈没有产生不舒服的感觉，而且她在与他的互动中保持着平静，这就不被认为是一种社会引发的行为。那么，艾伦靠在妈妈身上和不肯走路的动机是什么？

鉴于我们对患有自闭症孩子的感官处理所面对的挑战的了解，艾伦靠在妈妈身上和停止走路很可能是他对不熟悉的学校走廊中巨大刺激的无辜反应：入口处的门上和墙上明亮、鲜艳的海报，从他身边匆匆走过的孩子和父母们，走廊的灯光，学校大楼内部飘出的气味，说话、空调系统发出的各种声音，等等。

艾伦的妈妈知道，新环境一开始对他来说会有困难，所以，当他一进校门就靠在她身上时，并没有引起她不舒服的感觉。然而，如果她不知道他受到损伤的感官系统会让他在进入新环境时遇到困难会怎么样呢？如果她因为艾伦靠在她身上并停止走路而变得恼怒或担心或者感觉受到了挑战，相信他"故意这么做"，然后，通过提高嗓门或唠叨或者威胁来表达自己的感受，会怎样呢？他的那些由于与他的残疾有关而与他的归属感和价值感无关的社会无害行为（无辜行为），就有变成社会引发的问题的危险。

现在，让我们考虑艾伦没有引起妈妈不舒服的情感反应的另一个行为：用两只手掌反复拍打地面。这也是个非社会引发的无辜行为。艾伦的妈妈知道，用手拍东西是艾伦经常表现出的与自闭症有关的行为之一。如果艾伦的妈妈误解了这一行为，在感到恼怒、担心、受到挑战、生气、失望、难以置信、绝望或者无能为力时，以负面方式做出回应，他的这个无辜的拍打行为就有可能已经变成社会引发的问题。例如，如果他的妈妈试图强迫他停下来，他很可能会继续更猛烈地拍打，表现出寻求权力这一错误目的的，并相信：只有当我掌控时，我才有归属感。你无法强迫我停下来！因为他的妈妈的感受和回应保持了平静，所以，艾伦的拍打没有变得更猛烈，也保持了社会无害。

如果父母和老师误解了有特殊需求孩子的非典型行为，即那些与孩子疾病相关的无辜行为（例如，患有自闭症孩子的重复行为，患有抽动秽语综合征的孩子的抽搐，患有认知迟滞的孩子反应迟慢，患有注意力缺陷多动症的孩子出现的冲动行为，等等），他们可能会下意识地对孩子做出反应，就好像孩子的行为是与社会动机有关的，就好像恶意的社会目的导致了这些行为一样。当这些社会无害行为被误解时，孩子们可能会错误地相信，归属感和价值感能通过做出与他们的特殊疾病有关的行为来实现。

在艾伦的故事中，他的妈妈想帮助他更独立并更轻松地进入学校。她决定每天上学时晚十五分钟到校，以避开其他孩子到校时在学校门口的喧闹声。当她运用能让她教给艾伦在这一困难情形中保持冷静的正面管教工具时，她感到自己被赋予了力量。她在决定自己怎么做时表现出了耐心：慢慢地走向教室，真的是一小步一小步，同时，给艾伦时间感觉自己的感受并处理所有的感官信息。她和善而坚定，当艾伦停下来时，她也停下来，当艾伦准备好走时，她再走。她没有和他"发生战争"，她也没有让步。她保持着安静，除了在艾伦想出如何过渡到学校环境的办法时偶尔认可他的感受。以这种相互尊重的方式，她将每天到达学校的这段时间当成了训练孩子的自我管理和自立的时间。

下面是在帮助有特殊需求的孩子时，一开始应遵守的步骤的一个总结：

1. 列出孩子让人担忧的行为。
2. 向与孩子打交道的成年人了解孩子上述每一个行为所造成的感受和反应。
3. 根据这个成年人的感受和反应以及孩子的回应，确定与每个行为相关的错误信念和错误目的是什么。
4. 对于那些因为与造成孩子缺陷的疾病相关并且非社会引发的无辜行为，要给予恰当的治疗或指导以减少问题。比如，擅长评估患有自闭症孩子的感官需求的职业治疗师，可能会建议孩子的父母和老师执行一个为减少孩子的感官刺激行为而设计的日常感官食谱（sensory diet）。触觉活动，诸如玩多种质地的东西（橡皮泥、手指画颜料、沙子，等等），以及包括大动作、平衡以及身体意识（荡秋千、跑步、在治疗球上弹跳，在小型蹦床上跳，等等）在内的大脑前庭和本体感受活动，都可能包括在一个孩子独特的感官食谱内。（正面管教的工具也能用在这里）。

5. 对于那些和错误信念有关的挑战行为，要运用正面管教工具制定一个单独量身定制的预防和回应计划，以帮助孩子采取更多对社会更有益的行为。

无辜行为	错误目的行为
·教给孩子技能 ·给予治疗	·确定行为背后的错误信念
使用正面管教工具	

在本书后面的几章，对特殊需求孩子使用的正面管教工具——既包括预防，也包括介入——将会得到详细描述，还会介绍如何改进和调整这些工具的例子。

第 3 章

理解大脑——你的和他们的

一天早晨，安东尼·马丁醒来晚了，他意识到，如果不抓紧时间，他上班就要迟到了。又要迟到了！他暗中抱怨着，因为他知道让女儿艾米莉匆忙出门可能会是一个灾难。艾米莉六岁了，患有自闭症谱系障碍。尽管她在幼儿园的这一年一直比较成功，但日常惯例的改变仍然会让她陷入极度愤怒和沮丧的恶性循环。

安东尼催促着艾米莉完成晨间惯例，尽管他确实记住了使用有助于安抚艾米莉的可视化日程表①。早饭吃得很紧张，但艾米莉似乎能应付这种情形；安东尼很感激。艾米莉自己穿好了衣服，这是让她和安东尼理所当然都很骄傲的一个相当新的技能。

安东尼看了下手表，如果交通顺畅，他实际上有可能及时把艾米莉送到幼儿园，让她赶上去学校的校车，而他也能准时上班。在他们离开家，走向停车场中的汽车时，艾米莉一路哼着歌。当

---

① Visual schedules，可视化日程表，即使用一系列图片来传达一系列活动或特定活动的步骤。它们通常被用来帮助孩子们理解并管理它们生活中的日常事务。图片、照片或者手写的文字都能用来制作可视化日程表，具体取决于孩子的能力。——译者注

安东尼走过他们的固定停车位时,艾米莉停止了哼歌——她以为他们的汽车会停在那里。然而,由于昨天晚上安东尼从市场回来时,有人已经占了他的固定车位,他只好停在了对面,打算过会儿出来再把车移回通常的位置。

安东尼拉着艾米莉穿过停车场,来到他们的车前。艾米莉从车旁往后退着,并开始喃喃地说:"不,不,不,不,不!"安东尼努力向她保证这仍然是他们的车,并温柔地领着她向车走去。瞬间,艾米莉恐慌了,开始挥动手掌向空中和安东尼又拍又打,她这时尖叫着:"不!不!不!"安东尼很沮丧,意识到自己要迟到了,他抓住艾米丽的肩膀摇晃着,大喊道:"艾米莉,这是我们的车!坐进去!"艾米莉哭了起来,倒在了地上。安东尼(有点粗鲁地)把她抱起来,很费劲地把她塞进汽车座椅里。艾米丽没有停止大哭大叫。安东尼感到很惭愧。

这天早上发生在马丁家的这一幕,无论对有还是没有特殊需求孩子的家庭来说都不陌生。孩子们并不总是能像父母那样看到需要抓紧时间。在类似这样的情形中,还有另一条共同的主线贯穿始终。这与压力之下我们大脑中所发生的事情有关。

我们的大脑:过去和现在

千万年前,这个世界是个非常不同的所在。我们的需要是不同的,并且也更简单。那是一个危机四伏的世界,人类必须迅速做出反应以躲避食肉动物、其他想伤害他们的人以及反复无常的恶劣环境所带来的艰难困境。我们的大脑已经非常适应了对付这类情形,大脑会迅速评估我们遇到的事情,做出以下三种决定中的一种。如果有可能,我们就逃跑,以躲避危险(逃跑)。如果有必要，我们就准备战斗（战斗）。有时候，我们会让自己一动不动，以避免被发现（静止不动）。

　　千万年来，我们使用大脑的这种方式足以满足我们的需要。时光变迁，随着我们的生活变得越来越复杂，我们对推理的需要变得越来越强烈，而不再仅限于反应；我们开始越来越依赖大脑的一个不同的区域。大脑中负责快速反应的部分——我们依赖了千万年的那个部分——仍然在尽职尽责地为我们服务（有时候会使我们陷入麻烦——后面有更多讨论），但是，我们不再只依赖它生存了。

　　大致说来，我们的大脑由三部分组成。脑干是大脑最古老而原始的部分，负责上面提到的那些生存反应（逃跑、战斗或者静止不动）。第二部分也很古老，即大脑边缘系统。脑干和边缘系统除了负责别的事情之外，还共同负责我们对所经历之事有怎样的感受、对这些事情如何理解以及做出那些生存反应等。大脑的第三部分是大脑皮层。大脑皮层的运行方式很复杂，就我们在此处的目的而言，除了其他事情之外，它是大脑负责洞察力、反应的灵活性、共情——即站在他人角度上看待事情的能力的部分。

　　当我们状态良好时，大脑的各个部分工作很协调。这三个部分之间有一种能量和信息流，让我们能够处理面临的任何情况。大脑的原始区域——脑干和边缘系统——可以被认为是我们的"第一反应者"，让我们对所经历之事做出初步解读。但是，这两部分本身只能做出逃跑、战斗和静止不动的反应。然而，有了大脑皮层的参与，我们就能做出更慎重、更深思熟虑的反应了。这叫做执行功能。执行功能，是我们对自己当前正在经历的事情进行思考，考虑各种反应，并且选择对我们最明智的方式的一种能力。也正是通过大脑

> 当我们状态良好时，大脑的各个部分工作很协调。这三个部分之间有一种能量和信息流，让我们能够处理面临的任何情况。

33

皮层，我们才能与自己的孩子保持情感联结。正如我们在马丁家看到的那样，我们的大脑不同部分之间的沟通并不总那么顺畅。

为了更好地理解这是如何发生的，让我们回到"第一反应者"这个想象。作为第一反应者，脑干和边缘系统（其中一部分叫做杏仁体）会评估我们的经历。基于这种评估，会产生一个关于我们对自己的经历怎样感受的最初决定，以及一个如何做出反应的初步建议。这个信息被传送给大脑皮层，后者通过对信息进行分析，并将洞察力、灵活性、共情运用于决策过程。绝大部分经历都能通过这个责任分工系统得到轻松解决。然而，有时候，杏仁体的感受水平以及"逃跑、战斗或静止不动"的紧迫性会让大脑皮层难以承受。当发生这种情况时，大脑皮层就不会给决策过程加入洞察力、灵活性或共情。此时，执行功能实际上处于离线状态，发挥不了作用。具体地说，这就意味着我们无法理智地解决问题。

掌中的大脑

丹尼尔·西格尔和玛丽·哈策尔合著的《由内而外的教养》一书中，对我们在上面描述的大脑工作过程做出了一个优美而令人耳目一新（对我们这些非脑科学专家而言）的、易于理解的解释。在我们的养育课堂上，对于有和没有特殊需求孩子的父母和老师们来说，这个模型一直是最有用和最令人难忘的工具之一。它叫作"你手掌中的大脑"。下面是西格尔和哈策尔模型的简化版。

如果你把手握成拳头，四个手指头把大拇指包在中间并让有手指这面朝向自己，就形成了西格尔所称的"一个出奇准确的大脑整体模型"（见图1）。你的手腕就是脊椎，你的掌心就是脑干——脊椎和大脑的连接点。你的大拇指代表着整个边缘系统，尤其是杏仁体。你的手背代表整个大脑皮层；弯曲的四指，特别是指甲，代表前额皮质。

当经历没有造成难以控制的压力时，前额皮质顺畅地运行着我们称之为执行功能的过程。这可以用图1中紧握的拳头表示。为表示当你的杏仁体难以承受时所发生的事情，可以保持你的大拇指蜷曲，并向上伸直四指（见图2）。西格尔和哈策尔把这一过程称为"掀开你的盖子[①]"。现在想象一下，你的孩子或一个学生掀开了他的盖子，而你不加思考地做出生气的反应。用图表示，就是两只手都是拇指向内蜷曲，四个手指向上伸直，并且让两只手面对面（见图3）。两个掀开的盖子（你的和你孩子的）面对面，你认为这对解决问题能有多大帮助？

再来看看你握着的拳头。要注意代表前额皮质（执行功能、灵活思考和共情）的手指是如何蜷曲，并包住代表脑干和边缘系统（战斗-逃跑-静止不动反应）的手掌和拇指的。大多数情况下，即使当我们焦虑不安时，前额皮质也确实能够很好地包住（也就是，"合上盖子"）并容纳不那么理智而更多被动反应的脑干和边缘系统。而当我们掀开盖子，四个指头不再蜷曲，忽然间，没什么东西能包住杏仁体了。前额皮质就不再运转，无法进行灵活思考并克服战斗—逃跑—静止不动的本能。

英洛（Lois Ingber）是圣地亚哥市一位

图1. 一个大脑的模型

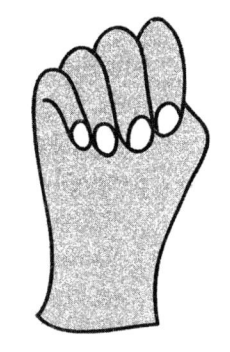

图2. 掀开你的盖子

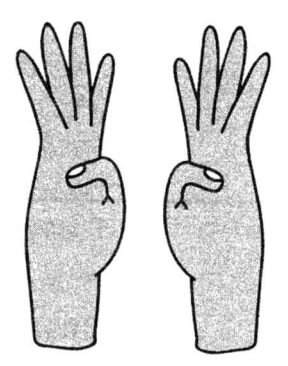

图3. 两个掀开的盖子正试图解决一个问题

[①] Flipping your lid，掀开你的盖子，即气得发疯。——译者注

具有正面管教资质的导师,她讲述了一位父母对上述情形的精彩扩展:这位父母指出,当我们在愤怒中攥紧拳头时,情况恰好相反。此时,大拇指在四个手指外面,是边缘系统包住并压制了前额皮质。

大脑还有一个方面,让这个图画的含义更丰满。西格尔和哈策尔描述了被称为镜像神经元的一群神经细胞。作为人类,我们天生是要与其他人联结的。从生命的最初,我们就从自己的观察中密切注意着别人,大脑中的镜像神经元会评估他们的精神和情绪状态。然后,这种评估强烈地影响着我们如何做出反应。因而,在上面的例子中,当一个孩子掀开他的盖子时,我们平静的反应对于孩子的失控情绪能起到强有力的刹车作用,因为我们的镜像神经元在对孩子的镜像神经元"说话"。

> 当一个孩子掀开他的盖子时,我们平静的反应对于孩子的失控情绪能起到强有力的刹车作用。因为我们的镜像神经元在对孩子的镜像神经元"说话"。

让我们再回到安东尼和艾米莉·马丁的例子。当看到她家的车不在车位上时,尤其是在尽管感到很匆忙,但仍然坚持做完该做的事情之后,艾米莉灵活变通的能力消失了。她的杏仁体对压力难以承受了,她开始掀开盖子——向空中挥舞着双手并尖叫"不!"她的父亲,在这个感觉上班不能迟到的早晨,也努力而体贴地帮助艾米莉能更快一点。当艾米莉开始掀开她的盖子时,安东尼的情感储备也耗尽了,面对艾米莉的痛苦,他的反应是掀开自己的盖子,朝她大声喊叫,用有些粗鲁的方式对待她。

正道和歧路

西格尔和哈策尔还有一个概念,我们在自己的课堂上发现也很有帮助。他们把上述两种反应方式称为"正道处理方式（High-road Processing）"或"歧路处理方式（Low-road Processing）[①]"。正道处理方式使用的是前额皮质，并能让我们思考各种回应方式，以及每种方式可能产生的后果。我们能够挑选出感觉适合情形需要并与我们的孩子保持积极情感联结的选择。而歧路处理方式发生在我们掀开盖子并冲动地——而且常常是愤怒地——做出反应的时候。这些是让我们事后感觉很糟糕的反应，因为我们感觉——这种感觉通常是对的——我们是，用西格尔和哈策尔的话说，以"令人恐惧或困惑的方式"对待我们的孩子。这也被称为"知道更好的方式却做不到"——所有父母的一个普遍困境。了解你的大脑会有帮助，如果当时无法改变你的反应方式，至少能让你在平静下来之后做出补救。

> 歧路处理方式发生在我们掀开盖子，并冲动地——而且常常是愤怒地——做出反应的时候。

在安东尼·马丁的情形中，他当时几乎立刻就知道艾米莉的情绪由于受到催促已经很脆弱了，而家里的汽车不在她心目中的停车位上，让她进一步脱离正轨。一种可能的正道处理方式是向艾米莉说一句共情的话语，一句表明安东尼理解艾米莉的痛苦的话。例如，他本可以俯身到艾米莉的高度，轻轻地搂住她，并说："哦，艾米莉，你很生气车子停错了位置。"让艾米莉知道她的爸爸理解她，并且能通过她的眼睛看世界，与艾米莉的这种沟通或许不是一个神奇的解决问题的办法，但能为更好地解决问题铺平道路。

此时此刻，你可能在想：嗯，当然！人人都能做到事后诸葛亮。是的，你是对的。我们的目的不是要以任何方式暗示我们任何一个人每时每刻都能在正道上。恰恰相反，尽管事实上几乎所有的

[①] 国内有译者将 High-road Processing 和 Low-road Processing 分别译为"高模式进程"和"低模式进程"。——译者注

父母和老师都渴望能在正道上，也就是说体贴地、合作地回应孩子们，但我们都会掀开我们的盖子，并最终会比我们希望的更经常走上歧路。既然这对父母和老师来说似乎是一个无法改变的事实，我们能做些什么呢？

我们能做的第一件事，是培养自省能力。自省能够让我们审视自己说过的话、做过的事，并确定我们是否在以与自己的价值观一致的方式行事。当我们能做到这一点时，我们就更可能增加我们在正道上的时间。请注意，我们说的是"增加"，认为我们任何一个人都能一直在正道上是不现实的，对此怎么强调都不为过。事实上，我们可能争辩说，如果我们的孩子们和学生们不能偶尔见证大人们"发疯"，他们可能就无法学习从他们自己犯的错误中获得好处。（关于犯错误，后面还有详述。）

在我们自省之后，接下来做什么呢？

矫正错误的 3 个 R

一旦我们冷静下来，并思考过我们不在最佳状态时与孩子的那些互动，有三个步骤能帮助我们矫正错误。有人把这个冷静过程称为"重新振作起来（Regathering）"，并考虑将其作为矫正错误的第四个 R。

矫正错误的 3 个 R
1. 承认（Recognize）
2. 和好（Reconcile）
3. 解决（Resolve）

承认：首先，在能做任何其他事情之前，我们必须承认自己犯了一个错误。在安东尼·马丁的例子里，在思考了一下这件事之后，他意识到艾米莉对车子不在车位上的最初反应并不是有意要让他生气或迟到。艾米莉的反应方式是很多患有自闭症谱系障碍的孩子在自己习惯的一个非常具体的惯例被打破时的反应方式。一旦安东尼能够承认他的错误是把艾米莉的反应当成了针对他的，他就能离开歧路，进入下一步了。

和好：当我们犯了一个错误，尤其是当这个错误与我们的歧路行为有关时，做出真诚的道歉是非常重要并有帮助的。对于有些父母和老师来说，迈出这一步惊人地困难。我们有些人不记得自己小时候有哪个大人给我们道过歉。结果，我们可能已经形成了一个错误信念，认为大人向孩子道歉会在某种程度上削弱他们的权威。另外一些人，尤其是一些老师，受到的教育可能是"永远不要让他们看到你冒汗"，就好像道歉是软弱的标志一样。

相反，一个真诚的道歉就能消除我们的歧路行为对孩子们造成的一些恐惧和困惑。我们想强调这句话中的真诚这个词，因为有些类型的道歉是没有帮助的。一个真诚的道歉需要对你做过的事情承担起全部责任（没有内疚或羞愧）。如果你为自己的做法找理由，这种责任就会以一种狡猾的方式推回给别人。因而，"我真的很非常抱歉对你大喊大叫，但你刚才没有遵守规矩"就是一只手给予而用另一只手拿回。

在马丁一家的情形中，在开车送艾米莉去幼儿园的路上，安东尼反思了他的歧路行为，与此同时，艾米莉继续在汽车后座里抽泣着。当他们到幼儿园时，安东尼温柔地帮艾米莉解开了座椅。当她下车时，他在她面前单腿跪下来，以便能平视女

> 帮助我们的孩子学会解决问题是我们能够给予他们的最好的礼物之一。

儿的眼睛，并说："艾米莉，我很抱歉对你大喊大叫，还粗暴地把你放进座椅里。我不应该那样。"艾米莉没有回答，但是，她跟安东尼保持了几秒钟目光接触，并停止了抽泣。安东尼冲她微笑着，并伸出双臂，艾米莉让他拥抱着自己，并把头靠在了他的肩膀上。这时，马丁父女能继续矫正错误的第三步了。

解决：解决包括想出改正错误的办法，并解决问题。帮助我们的孩子学会解决问题是我们能够给予他们的最好的礼物之一。没有解决问题的能力，孩子们会更容易被环境击败，并会更频繁地掀开他们的盖子。尽管这种能力在家里至关重要，但在学校和群体中甚至可能更加重要。无法解决问题的孩子在学校更可能遇到严重困难，他们还会由于无法和其他孩子建立并保持积极的关系而遇到危险。

在我们的社会里，我们常常头头是道地谈论犯错误。我们告诉孩子们："每个人都会犯错误。"但是，我们在太多时候都做不到言行一致。想一想那些见诸报端的错误。你最近一次听到某个公众人物说类似"哎呀，那是个错误。这是我改正它的计划"的话是什么时候？再想一想大众对错误的常见反应。通常，我们读到或听到的是对惩罚的呼声，还有关于谁将因为这个错误而丢掉工作的推测。这种看待错误的方式，不可能不被我们的孩子们注意到。不管我们告诉他们什么，如果我们的行动表明错误是不可原谅的，更有甚者，是无法解决的，那么孩子们也如此看待错误就不足为奇了。

> 如果我们的行动表明错误是不可原谅的，更有甚者，是无法解决的，那么孩子们也如此看待错误就不足为奇了。

因此，教给孩子如何解决问题并纠正错误是至关重要的。教给孩子这项技能的最好方式，就是当（不是如果）我们犯错误时做出亲身示范。一旦安东尼·马丁的"盖子"回复原位，他就意识到了这一点。他明白，他不仅需要为自己做过的事情承担责任，还要利用这个机会帮助艾米莉学习纠正错误。安东尼在这样做时面临的挑战是艾米莉的疾病——自闭症谱系障碍，这让他与她的沟通更加困难。这时，他想起了艾米莉的老师为他制作的沟通笔记本，让他和艾米莉一起使用。这个笔记本中有各种图画符号，与大声说出的单词配合使用时，能帮助艾米莉更好地理解事情（我们将在后面几章更多地讨论给特殊需求的孩子准备的图画符号和其他方式）。

当安东尼和艾米莉走向幼儿园时，尽管已经迟到了，但安东尼还是多花了几分钟时间和艾米莉坐下来，拿出了他们的沟通笔记本。运用这些图画符号，安东尼指出了艾米莉的感受（因为车子不在车位上而担心），以及他是怎么做的（生气）。他再次道了歉，然后指着代表"帮助"的一幅图画，他说："下次，当你担心时，我会帮助你，而不是朝你大喊大叫。"艾米莉重复道："不大喊大叫。"

后来，安东尼想起了艾米莉的老师教给过他的其他工具。其中包括一个"社会故事"，是关于当意料之外的事情发生时，艾米莉可以如何应对的；还有一个选择转盘，帮助艾米莉在感到担心时识别并选择一种不同的反应方式。然而，现在，安东尼对自己能够在掀开盖子后向艾米莉做出弥补感到很自豪。他对大脑的理解和学到的矫正错误的技能，为他的成功提供了一个基础。

第4章

积极的暂停

篮球场上,州立大学老虎队打得不顺利,他们落后了16分,离比赛结束只剩下4分钟了。他们的教练生气地在球场边线旁踱来踱去,用卷成一卷的赛程表拍打着大腿。在某一刻,教练停止了踱步,冲着一个队员大喊,让他叫暂停。由于观众的呐喊声很大,这名队员没有马上听见教练的喊叫。教练喊得更大声了,并用双手做成"T"字形——要求暂停的通用符号。那名队员向裁判示意,于是裁判叫了暂停。队员们小心翼翼地走到长凳旁,他们几乎可以看到教练的耳朵里都冒烟了。

当队员们来到长凳边时,教练冷冷地指着长凳让队员们坐下。队员们互相偷偷地看了一眼。他们教练的怒火已经很明显了。球队坐下后,教练说道:"这是我教练生涯中见过的打得最差的比赛!在我们讨论战术时,你们有人听了吗?"他停顿了一下,好像是在等一个回答。没人回答。"嗯?!"他催促着。队员们都低头看着地板。

"回答我!"教练大喊道。仍然没有一个队员吭声。他指着球队中锋说:"你完全没法阻止你的对手吗?他每次都能带球过了你。是不是有人买通你要你打那么差？"中锋看上去很震惊，但没有回答，教练指向长凳的一头，暴怒道："去！坐得离我们远点。想想当你的对手得球时，你怎么做才能阻止他得分！"中锋看起来很羞愧。他拖着脚走到长凳的一头坐下，眼泪都快掉下来了。他觉得好像他已经完全让他的球队失望了，不配做首发队员。

"还有你！"教练这时指着控球后卫说："你应该在赛场上控制全局。你不懂什么叫'控制全局'吗？要我画给你看吗？！当我们需要加速的时候，你慢了下来。当我们需要放慢速度的时候，你却在没有配合的情况下往前冲。你到底在想什么？你是在努力让我把你换下来吗？"控球后卫一言不发地瞪着教练，显然也怒不可遏了。但是，他强压着怒火。教练继续着他长篇大论的指责。"你看什么看？！你以为看你打球是搞野餐吗？去，跟他坐一起去。"教练用大拇指指着坐在长凳另一头的中锋。"也许你俩会想起该怎么打这场比赛。"当控球后卫悄悄地走向长凳另一头的时候，他在想他有多么恨这个教练，并想着要如何报复他。

教练还没有训斥完。他生气地瞪着另外三个首发队员说："你们三个也让我恶心。如果你们每错过一次机会并让对手得手一次，我可以得到一美元的话，我都能退休了。多么差劲的一场球啊！去，跟他们一起反思去。"他指着先前那两个发火的对象。"我要你们五个等会儿回来的时候告诉我提高水平的计划。没有计划的话，你们五个人就一直坐在长凳那头好了。现在快去！"这三个队员向长凳的另一头走去。他们的情感反应与中锋和控球后卫一样。

你认为坐在凳子上的这几个队员在想什么？有什么感受？你认为他们正在做着什么决定？你认为他们会受到激励打得更好吗？你愿意为这个教练打球吗？这个情景与养育特殊需求的孩子有什么关系呢？

我们分享了我们能够想到的一个最糟糕的"暂停"的例子。(是的，这是一个虚构的教练。)我们确信你会说："我绝不会那么刻薄。"我们同样确信你说的是实话，而我们希望这个夸张的例子能够为你提供一个思考惩罚性暂停的机会——即便实际情况不像上面描述的情景那么糟糕。

一个未实现的好主意

"暂停"的概念是由查尔斯·费斯特（Charles Ferster）于1957首次在研究文献中提出的。他最初研究的是鸽子，然后是黑猩猩，他用的准确短语是"正面强化的暂停（time-out from positive reinforcement）"。费斯特的概念是通过移走他的实验对象，并让它们不能体验跟群体在一起的好处，能够减少它们的不良行为。它们返回群体的愿望会激励它们改变它们的行为。几年后，暂停开始被运用到孩子们的身上。类似地，离开自己的父母或自己的班级的时间，被认为是让孩子们改变他们的行为并增强他们按照大人的期望行事的一种驱动力。据认为，暂停的一个优点是它比更传统的行为管理方式——比如打屁股——的惩罚意味少得多。

可悲的是，尽管暂停可能比打屁股的惩罚轻一些，但它是被作为一种惩罚而设计的。当被送去作暂停的时候，孩子们会免不了觉得受到了羞辱。经过一些调整，暂停这个概念原本是可以既符合阿德勒的思想，又与当代的大脑研究相一致的。它原本可以成为一个领先于时代的概念。当孩子们行为不良时，一个短暂的中止或许能让他们自己平静下来，甚至解决一些问题——这确实是一个好主意。即便在那个时候并不是这样表述的，但是，暂停可能给孩子们提供了一个让他们"打开的盖子"回复原位的机会（见第35页）。从我们现在对大脑如何工作的了解来看，暂停本来是一个极好的主意。

不幸的是，这个主意背后的美好前景在几乎三十年里都没有实现，直到它开始出现在正面管教的文献中为止。在此之前，无论在理论上还是在实践中，暂停都不是重新获得使用大脑更理性的思考部位这一能力的一个好机会，它更类似一个监禁的判决。孩子们在做了这样或那样的违规事情之后就被送去暂停，甚至出现了"判决准则"。一个仍然很流行的观念是，孩子几岁就暂停几分钟。因而，一个三岁的孩子，任何一个三岁的孩子，被认为能够坐着暂停三分钟，并从中学到一些东西！父母和老师们经常还要加上一个——"想想你都做了什么吧！"的荒谬指令。这个要求是荒谬的，因为它假设孩子们真的会思考他们做过的事情。相反，他们更可能会想大人做了什么，以及如何扳平，或如何避免下次被抓住。更悲哀的是那些认为"我是个坏人"的孩子，这个形成中的信念会影响他或她的一生。惩罚性暂停肯定不能激励孩子改善其行为，除非是那些正在变成"总是寻求别人赞同的人"的孩子——这建立在为了得到归属感而以牺牲他或她的自我价值为巨大代价的基础之上。

> 惩罚性暂停肯定不能激励孩子改善其行为，除非是那些正在变成"总是寻求别人赞同的人"的孩子——这建立在为了得到归属感而以牺牲他或她的自我价值为巨大代价的基础之上。

从正面管教的观点来看一点也不奇怪，只要暂停开始被用作并被视为一种惩罚，权力之争就随之产生了。听到一个母亲讲让她的孩子去作暂停，而孩子却不肯去的故事一点都不稀奇。接下来的往往是一场有关什么时候去暂停以及这个孩子是否真会去暂停的持久战。通常，孩子们不愿意去作暂停而发生的战争，会使他们之前做出的任何不良行为都显得无足轻重。

由于暂停不是被当作一件有帮助的事情来实行，而是作为一种惩罚来使用，它可能具有的任何益处都消失了。在 1996 年 9 月《儿童看护信息交流》发表的一篇文章中，罗丝琳·达菲（Roslyn Duffy）描述了一位老师通过给一个孩子暂停来回应其打玩伴的行为。"尽管'让你遭受痛苦'这句话没有说出口，但它们就回响在空气中。孩子们听到的没有说出口的'遭受痛苦'响亮而清晰。"像任何其他惩罚一样，暂停被认为是无效的，除非它造成痛苦。人们用一种伪科学的方法计算应该暂停几分钟，以使惩罚令孩子足够痛苦但又不过头。

在正面管教的书籍以及数不清的报告会上，我们一再问自己的一个问题是，我们到底从哪里得到一个疯狂的观念，认为为了帮助孩子们做得更好，我们必须先让他们感觉更糟？我们相信反过来才是对的。孩子们感觉更好时才能做得更好。这并不意味着我们提倡不让孩子们为他们的行为承担责任，而是意味着，在教给孩子承担责任时，

> 我们到底从哪里得到一个疯狂的观念，认为为了帮助孩子们做得更好，我们必须先让他们感觉更糟？孩子们感觉更好时才能做得更好。

我们应该以尊严和尊重的方式对待孩子，并要有长远的眼光。我们不仅希望"不良行为"停下来，我们还想帮助孩子培养具有良好品格所需的人生技能。

正如第 3 章解释的那样，孩子们在恐惧和羞辱的氛围中无法学习。帮助孩子们感觉更好，是创造一个安全和鼓舞的氛围，以便他们能运用大脑的理性部位，并打开学习之门的另一种方法。

让我们回到老虎队暂停的例子。有时候，当我们把大人放在孩子的角色里，再次审视同样的情形时，更容易看到我们对孩子所做的事情以及与孩子一起做的事情的效果。就那件事而言，一个职业教练或任何一个好教练都不太可能像我们虚构的那个教练那样去激励队员。然而，很多父母和老师认为使用惩罚性的暂停

有助于让孩子们改变他们的行为，而且那些父母和老师中有些人会用那位虚构的教练同样的责备和羞辱语言去让孩子做暂停。

惩罚性暂停与积极的暂停

当一个球队暂停时，实际上会发生什么呢？让我们来看一看。

当老虎队的队员们来到长凳边的时候，他们都知道自己打得不好。当他们坐下来时，每个人都低头看着地面。教练说："好吧，我们现在落后16分，这场比赛很艰难，不是我们打得最好的。现在大家喘口气。"他挥手示意球童过来，请他用毛巾给队员们扇风，因为球场里非常热。队员们坐在凳子上喝着瓶装水，感受着微弱但令人愉悦的微风。

教练拿起他的便携式白板，开始在上面画攻防部署。队员们倾身看着，因为教练帮助他们设计了一个新的战术。教练快速讲了要加强防守，这样对方就不能频频得分。控球后卫建议派两名队员盯紧对方的控球后卫，并尽量迫使对手犯些能被本队利用的错误。教练还谈了为努力争取机会赢得这场比赛，他们需要什么样的投篮。中锋指出，没人能想到他会投三分球，因为中锋通常靠近篮筐活动，而三分球是远投。教练看着他点了点头，说："好主意。我们试一下吧，大家为你提供三分球的机会。"

哨声响起，球队的暂停时间结束了。队员们和教练站成一圈，教练把手放在圈中央，环顾四周，并说："团队！"队员们都将手伸向中央并重复说："团队！"

第二个场景有什么不一样呢？首先，没有责备和羞辱。暂停的意义不是要让队员们感觉更糟，而是鼓励他们感觉更好，以便他们能打得更好。他们喘了口气。另外两件帮助他们感觉更好的事情是喝水和扇风使他们凉爽。最后，他们一起想出了一个打得更好的方案。整个过程中都是鼓励。

将这种方式与经常让孩子们做的那种暂停做一下对比。我们要求他们去站到角落里或坐在"淘气椅"上。我们或许会告诉他们坐在自己的床上，但不准玩玩具或看书。相反，他们应该想一想自己做过的事情。接触书籍、玩具、舒适的毛毯或填充动物玩具大概都会妨碍他们这样做。毫不奇怪，孩子们通常不会想他们做过的事情。相反，他们会沦为以下惩罚造成的四个R之一的受害者：

1. 愤恨（Resentment）（"这不公平！我不能相信大人！"）
2. 报复（Revenge）（"现在他们赢了，但我会扳回来的！"）
3. 反叛（Rebellion）（"我偏要对着干，以证明我不是必须按他们的要求去做！"）
4. 退缩（Retreat），表现为偷偷摸摸（"我下次绝不让他抓到。"）或自卑（"我是个坏孩子。"）

惩罚性暂停通常是在每个人都生气的时候做出的，我们知道（从目前大脑研究角度来看）这是最不可能有效地解决问题的时候。然而，很多父母和老师试图在他们（父母和/或孩子们）的大脑功能处于掀开盖子的状态时处理一个孩子的行为问题。对我们的大脑如何工作的理解告诉我们，这样做是没用的。当孩子们感觉受到威胁时，他们无法学习任何积极或有帮助的东西。在那些盖子打开的时刻，他们能做的只有战斗、逃跑或静止不动。这些反应的表现形式可能是情感上的撤出（逃跑）、当场反抗他们的父母或计划以后报复或反叛（战斗），或只是面无表情地瞪眼（静止不动）。在那些时候，往好里说，说教没用，因为我们的孩子们不能领会这种信息；往坏里说，说教最终会激起怨恨或报复的欲望。

让我们再说一次：从长远来看，惩罚性暂停是无效的，因为孩子们不会"想他们做过的事情"。他们想的是如何扳平、如何避免被发现或认为他们"坏"。

积极的暂停

积极的暂停是建立在对大脑和人性的理解之上的，即当孩子（以及大人）感觉更好时，他们才会做得更好。要花点时间思考一下这个观点，因为它非常重要。如果你真的相信通过帮助你的孩子感觉更好，你就能够帮助他或她做得更好，那么暂停会是什么样的呢？它很可能是一个由孩子们设计，或至少参与设计的，能够帮助他们安慰自己并平静下来的令人愉快的地方。这还可能需要一位父母或老师陪孩子们一起去这个地方，以帮助他们感觉好起来，直到他们能够重新接通大脑的理性思考部分。对积极暂停的常见的反对理由（来自大人而不是孩子），是担心它在"奖励不良行为"，担心孩子会利用它来逃避处理那些可能会令他们不舒服的事情。事实上，当孩子们平静下来的时候，他们通常会更愿意努力参与解决问题。

为了让一个积极暂停的空间实现其作为让孩子们感觉好起来的地方的作用，让孩子们给它起个别的名字是个好主意。我们希望它尽可能的不同，因为"暂停"这个术语还唤起不了对一个球队那种休息一下、重新振作起来并做出计划的令人鼓舞的形象。对于我们的大多数孩子来说，"暂停"是一个另有所指的词，它会唤起很负面的感受。俄勒冈州波特兰市的一位社会工作者，讲述了他第一次去一个社区儿童治疗中心工作的故事。他当时正在跟一群男孩聊天，他们都很兴奋地同时抢着说话。这位社会工作者笑着用手做了一个"T"的手势，说道："哇，慢点，暂停一下。"所有的男孩子显得都很恐慌，其中一个哭着问："我们做了什么啦？"

我们已经发现，孩子们，甚至像学龄前那么小的孩子，在给他们的积极暂停空间取名时都非常有创意。有一个班决定把他们的积极暂停区叫"太空"。他们的老师带来了深蓝色的网，把它挂在一个角落的天花板上，孩子们给那些从天花板上垂下来的行星、恒星涂上了颜色。在另一个班里，孩子们装饰了一个巨大的纸板箱，决定（在班会上）把书籍、枕头、毯子和填充玩具放在里面，并且把它叫做"洞穴"。在一个学前班，孩子们把他们的暂停空间叫做"阿拉斯加"，而他们富有创意的老师迅速加了一个副标题："一个让人凉下来的地方"。

父母们可以帮助自己的孩子在家里建立、命名积极暂停的空间。如果一个家庭住的房子足够大，可以容纳一个独立的区域作为积极暂停空间当然非常好，但这绝对不是一个必要条件。那些住在小公寓里的家庭还有富于创造力的孩子，他们能参与命名一个空间的过程。我们一个朋友的小儿子告诉他的父亲，他希望他的"感觉好起来的地方"设在他的床底下。他觉得床下拥挤的空间很舒服，并把一些特别的玩具和填充动物玩具放在那里，以帮助他感觉好起来。（不知道床底下的灰兔子[①]是否也是一种安慰。）

积极暂停的一个重要方面是要允许孩子们"选择"它。这样，原来的"你去作暂停！"就被"到洞穴去会对你有帮助吗？"取代了。当然，当一个孩子处在打开盖子的状态时，他可能太不理智，以至于无法选择任何事情。此时，问他"你想要我和你一起去吗？"会有帮助。有些孩子发现这样的提议足够令人安慰，这能帮助他

[①] dust bunny，也称作 dust ball，是指（由灰尘和细小线段、毛发、布料等形成的）尘球、尘埃团。作者写这句话有开玩笑的意味。——译者注

们开始逐渐平静下来。另一些孩子会拒绝，或者更可能的情况是继续发脾气。如果这个孩子没有身体受伤的任何危险，并且没有威胁要扔东西或摔东西，老师或父母可以说类似这样的话："好吧，我打算要到洞穴里去让自己感觉好点。如果你喜欢的话，可以跟我一起去。"看到你去，可能就足以给孩子大脑的边缘系统造成惊奇，前额皮质和镜像神经元就能够起作用，并启动安慰过程，鼓励他跟你一起去。另外一些孩子可能就是需要时间去"感觉他们的感受"，而不是被解救或"解决问题"。站在孩子身边并提供"能量支持"（见第12章），可能就是这些孩子需要的积极暂停方式。

在一个学前班的教室里，当乔尔——你在第7章将会看到的一位幼儿教育专家——试图与他那群孩子开班会的时候，他感到非常沮丧。几乎没有一个孩子合作，乔尔发现自己就快要大声吼叫了。他没有这样做，而是站起来并宣布说："我现在太沮丧了，没有办法开完这个班会。我打算去洞穴里，直到我感觉好点儿为止。"这些孩子静了下来，张大嘴巴看着他挤进了"洞穴"。"你生我们的气了吗？"有个孩子问道。"没有啊，"乔尔说，"我感到太沮丧了，因为我们的班会太吵了，我需要休息一下。"另外一个孩子问："你会回去吗？"乔尔回答道："你知道，我现在感觉好多了，我想我现在就回来。"如果我们说班会的后半部分进展的很顺利，那该多好啊。事实是班会仍然很混乱。但是，已经发生了两件非常重要的事情：第一，在一个更平静的状态中，乔尔能够用更有帮助的方式处理班里的混乱场面。第二，乔尔的行动给孩子们提供了一个极好的榜样——一个大人运用积极的暂停让自己感觉好了起来。

如果一个孩子的大发脾气给他自己或别人造成了威胁，或者他正在扔东西、损坏东西，把他带到积极暂停空间可能就是必要的。在带这个孩子去那里的时候，父母或老师应尽一切努力保持平静、耐心以及和善。与孩子一起走得慢一点会有帮助，这样他就不会感觉受到了催促并被进一步激怒。在这些情形下，大人留下来和孩子一起待在积极暂停区，给他提供情感支持，也是至关重要的。当一个孩子掀开盖子的状态使他难以接近时，他更有理由需要一位平静的大人给予关心与呵护。

此时，一个合理的担心是，把孩子带到积极暂停的空间这个行为本身，是否会转变成或加剧权力之争。对于那些当时的错误目的是寻求权力或者报复的孩子来说，可能尤其会出现这种情况。不幸的是，没有万无一失的原则能指导我们做这个决定。如果一个孩子（或其他人）的安全明显有危险，强行把孩子带走事实上可能是最好的选择。根据我们的经验，由于这种决定而激起随后的权力之争的，是大人的动作太快、让孩子不舒服的、感觉受到限制的抓握，令人不愉快的语气，以及大人最终要"赢得"这场争斗的需要。如果父母和老师在带孩子去积极暂停空间的过程中能保持平静和支持的态度，就能起到减轻孩子的愤怒的作用。

另外，重要的是要记住，积极的暂停并不是你的正面管教工具箱里唯一的工具。平静地坐在一个孩子身边，给予"能量支持"，直到他怒气平息，可能会更合适。有些孩子在听到一个拥抱的请求、一个帮助的请求、对他们的感受的认可或给他们愤怒选择轮时（有关愤怒选择轮的详细内容见第7章），他们的感受就能从愤怒中转移出来。

心情和地点一样重要

正如我们前面指出的那样，对于有些患有被认为是"特殊需求"的疾病的孩子来说，从一个地点转移到另一个地点，尤其是在打开盖子的时刻，是一件很难的事情。关于积极的暂停，需要记住的一个重要方面是——它应该是有帮助的。如果让你的特殊需求的孩子从一个地点到另一个地点给他造成的痛苦多于安慰，那么，明智的做法是考虑如何让他去作积极的暂停。在这个过程中，可能还有必要清理在积极暂停区现场的人、物品或家具，以减少任何人受到伤害的危险。

丽莎是患有自闭症谱系障碍的小女孩瓦奥莱特的妈妈，她讲述了她是如何在不断的失败中反复尝试帮助她7岁的女儿运用积极暂停来感觉好起来的。丽莎说，一旦瓦奥莱特心情不好，她既不听妈妈让她去"感觉更好"的地方的建议，也不能忍受被带到那里去。当丽莎试图自己去那里（做冷静的榜样）的时候，她的女儿就会伤害自己，并开始撞头。这位妈妈想出来的办法是从她们的积极暂停区把豆袋给她的女儿拿过来。起初，瓦奥莱特只是躺在豆袋上，明显受到了安慰。仅过了几天，当丽莎问她豆袋是不是能帮助她感觉更好时，她能够用点头表示"是的"。他们现在正在努力帮助瓦奥莱特，让她能在很生气的时候自己去那个感觉更好的地方。随着瓦奥莱特似乎理解了平静下来的价值，丽莎乐观地认为这是一项她能学会的技能。

与积极暂停有关的一些沟通调整

如果你除了用语言之外，还用可视化的方式呈现积极暂停的信息，处于打开盖子状态的孩子可能会更容易接受。例如，你可以通过让孩子看感受图片来表达共情。你可以通过让孩子看一张积极暂停区的照片来提醒孩子想起这个特殊的地方；你可以在积极的暂停区陈列一张孩子处于放松、平静状态的照片；你还可用双面板，一面展示积极暂停区的照片，另一面向孩子展示当他感觉更好之后将会做的活动。以下是一些能帮助你的孩子将令人苦恼的体验转变成积极体验的沟通方式的调整：

- 感受图片（六种常见的是开心、伤心、生气、害怕、沮丧和失望）。
- 一张积极暂停空间的照片。
- 一张表现放松或平静的照片或线条画。
- 一个双面板，一面是积极暂停空间的照片，另一边是魔术贴（可以贴上任何有用的图片）。

史蒂文，本书的合著者，分享了一个正面管教工具中请求拥抱配合积极的暂停使用的例子。例子中的这个孩子是一个交往技能班的，有严重的发音问题以及其他方面发育迟缓问题。

今天，一个4岁的男孩生气地跺着脚从美术桌前跑开了，大喊着说他"气疯了、沮丧和很不高兴"。我的助教跟着他去了我们的放松垫（我们的积极暂停区）。他在垫子上把自己裹进了一个毯子里，而且，喊叫变成了没有具体内容的乱叫。他拒绝和助教老师说话，只是继续尖叫着。我坐到了他身边，轻声说："我需要一个拥抱。"他继续尖叫着、扭动着身子。过了15秒后，我又说："我需要一个拥抱。"他停止了尖叫和踢打，但仍然背对着我。又过了10秒钟，我说："我需要一个拥抱。"他犹豫了很长时间，转过身来，爬上我的膝盖拥抱了我。我问他是愿意自己回到美术桌那里，还是想让我和他一起回去。他要我跟他一起回去。他回到了美术桌，开心地画完了，然后离开了那里。

当然，积极的暂停只是本书在接下来的几章中将要讨论的多种正面管教工具之一。重要的是要记住,没有哪一种工具能在任何情形对任何孩子都有效。本书通篇强调的是,要确定在特定的情形中哪个正面管教工具对一个孩子最有效;以及,如果有必要,要调整这些工具以便使它们更容易被特殊需求的孩子接受。

第 5 章

汉娜的故事：
认可并支持你的孩子的全部

作为一个患有自闭症的 4 岁孩子，汉娜口头表达能力有限。然而，她在持续关注书中图画的细节、弄明白如何完成复杂的动作任务以及对着小玩具角色运用想象力方面的技能让她的父母和老师们怀疑她是"高功能的孩子"[①]。通常，汉娜的妈妈会送她去一个每周三次的游戏小组，然而有一天，因为爸爸妈妈都要出差一周，汉娜和负责在此期间照看她的姑姑一起来了。那天，上午的第一个例行活动对于汉娜来说很顺利。在自由选择时间里，她独自玩了各种玩具；在圆圈时间，她坐在那儿，对老师在活动中展示的图片表现出她一贯的高度兴趣。圆圈时间过后，该和她的同学们在门口集合去体育馆了，她的老师给了她一张视觉日程

---

① High function autism，高功能自闭症，自闭症的一个分支。主要从智力水平角度命名。相对于低功能自闭症而言，通常智力发展水平正常，语言发展相对较好（比阿斯伯格综合征还好），但人际关系和交往障碍明显，中国有些学者认为与"阿斯伯格综合征"的名称可以混用，但从现行诊断标准看，两者有区别。——译者注

表中的体育馆的图片,并告诉汉娜:"到了去体育馆的时间了。"

通常,汉娜会接过图片,仔细看一看,然后开始向体育馆走去,但今天她的反应完全不同。她扔掉图片,开始哭起来,接着倒在了地板上。汉娜似乎非常伤心,并且,老师温柔的话语以及一个安慰的拥抱都不能安慰她。当老师指出其他孩子正在门口等着,体育馆有汉娜喜欢的很多玩具时,也不管用。老师猜想,汉娜生气不仅是因为她的妈妈不在家,让她的日常惯例在今天早上有了改变,还因为她真的想念她的妈妈,又没有办法说出她的失落感。

想到这些,老师拿来纸和记号笔,开始一边画汉娜的困境,一边说:"汉娜很伤心,""妈妈和爸爸不在家,""妈妈和爸爸开车去酒店了,""妈妈和爸爸5天后就会回家,""汉娜会很开心,""妈妈和爸爸会很开心。"当老师提到"妈妈"的时候,汉娜就停止了哭泣,她专心地看着老师一边画简单的图画一边讲这个故事。当她的老师在画的过程中暂时停顿时,汉娜就会推老师的手,让老师接着画。在接下来的两节课上,汉娜有好几次在教室里找到纸和记号笔,拿给她的老师,让老师重复那个故事并画那些画。除了与汉娜一起回顾她的情感经历之外,她的老师还认可了汉娜每次为回应课堂活动要求而做出的每一次努力,在那个星期里,结果是非常积极的:汉娜在这个星期早些时候发生转变时所表现出的那种苦恼的情绪没有再出现过。

> 当你把你的特殊需求孩子作为一个整体来看待并与之相处时,你和他或她在一起时成功的机会将大大提高。当你的孩子受到挑战时,他的整个人都受到了挑战:思想、感受以及行为。

汉娜的老师成功地帮助汉娜平静了下来,这是因为她不仅考虑了汉娜表现出来的行为以及似乎引发了这种行为的因素(一个转换活动的要求),而且将汉娜的生活作为一个整体来考虑。传统的特殊教育思考方式，可能会使这位老师只注意外部观察到的：一个转换活动的要求以及汉娜拒绝跟班里的其他孩子一起去体育馆。相反，这位老师考虑到了汉娜对父母不在家的感受，以及在被她的姑姑照看时，汉娜在日常惯例上体验到的变化。她的老师对汉娜在理解图画方面的兴趣和能力的了解，再加上汉娜在谈论自己的想法和感受方面的重大局限，让这位老师想到了表达共情和理解的另外一种方式。基于她对"孩子的全部"的了解，汉娜的老师能更体贴、更有效地做出了回应。

> 你越能理解你的孩子作为一个完整的人的独特之处，你就越能更好地选择支持并指导她培养长期有益的技能的工具。

当你把你的特殊需求孩子作为一个整体来看待并与之相处时，你和他或她在一起时成功的机会将大大提高。当你的孩子受到挑战时，他的整个人都受到了挑战：思想、感受以及行为。他不只是"一个有挑战行为的孩子"。为了帮助你的孩子，要努力理解他在生活中、家庭里以及与家人之外的其他人正在经历的事情。要考虑他的残疾如何影响他对生活中的挑战的感受。你越能理解你的孩子作为一个完整的人的独特之处，你就越能更好地选择支持并指导他培养长期有益的技能的工具。

与你孩子的全部有关的正面管教工具

为了认可和支持你的孩子的全部，我们建议你为你的孩子创造形成肯定的自我信念的机会。作为正面管教的实践者，你将帮助你的孩子形成两种重要的信念：

· 我有能力理解我的感受，并能表现出自我控制。

- 我能以责任感、适应能力、灵活性和正直来对日常生活中的经历做出回应。

汉娜的老师通过支持她并帮助她形成对自己的积极信念，来回应她的生气。她画出并说出了汉娜的感受，而不是忽视它们并简单地试图阻止这些行为。通过听故事和看图画，老师给汉娜提供了处理她的感受的另外一种方法，而这最终让汉娜表现出了自我控制。在对老师所做出的努力的回应中，汉娜承担起了保持交流自己的状况并主动发起交流的责任。由于老师的共情，安娜表现出了对当时情形的适应能力。因为直观的图画帮助汉娜从不同的角度看待自己的情形，她在自己的思考中表现出了灵活性。而且，通过以相互尊重的方式和老师沟通，她表现了正直。

与你的孩子的错误目的相关的正面管教工具

尽管运用正面管教工具支持你的孩子的全部很重要，但理解其行为背后的信念以及相应的错误目的也很有帮助。这会让你运用正面管教的积极主动和鼓励的回应方式来帮助你的孩子以对社会有益的方式体验到归属感和价值感。在汉娜的情境中，当汉娜没有以她惯常的顺利的方式做出转变，并且对安慰没有反应的时候，她的老师感觉到自己无能为力。当汉娜对老师把她的注意力转移到其他孩子身上以及提醒她体育馆里有她喜欢的玩具的努力仍然没有反应时，老师的不胜任感（这是汉娜的错误目的是自暴自弃的第一条线索）持续着。老师抑制住了放弃（走开）或过度帮助（架着她去体育馆）的冲动。相反，她注意到了汉娜决定采取的行动并"读懂"了她的行为背后的密码信息："不要放弃我。让我看到如何迈出一小步。"

如果你的孩子的行为是出于自暴自弃这个错误目的，你可以运用正面管教中与该错误目的相关的积极主动和鼓励性的回应方式。下面就是这些回应方式，并以汉娜的故事作为如何运用的例子。

将任务分解成小步骤

在汉娜的情形中，她的老师用把故事画出来的方法，帮助汉娜理解她父母出门旅行的一系列事件。对汉娜来说，这个过程的第一步是看图画和听故事。老师没有一开始就要求汉娜站起来或朝教室门口走。你可以通过把全部技能或期望孩子做的事情看作一系列的小步骤，并教给你的孩子每次只做一小步，来帮助你的孩子。

停止所有的批评

在与汉娜互动的整个过程中，这位老师保持着平静、和善和关心。当汉娜不按要求跟她的同学们一起到门口去的时候，老师没有训斥她。当你的孩子做出不受欢迎的行为时，你对他的平静、温和的反应将有助于你不因错误行为而批评他，而是支持你的孩子做出更受赞同的行为的能力。

鼓励任何积极的尝试

汉娜的老师关注的是理解并表达出汉娜的感受以及引起她悲伤的可能原因，她没有关注汉娜倒在地上和不去门口的行为。还有，老师对汉娜用非语言方式表达出的再讲一遍故事的请求做出了回应，而且，每当汉娜配合老师的要求时，老师都认可汉娜。当你对你的孩子做出的你所期待的部分或全部努力做出赞同的回应时，你就是在向孩子传递一种信息——让他明白这个任务是可以完成的。

相信你的孩子的能力

当汉娜的老师看到汉娜对自己的感受和父母旅行的故事的反应是多么好的时候，她对汉娜能从悲伤中恢复过来感到更有信心了。当你考虑过对你期待孩子完成的事情根据孩子的特殊需求做出必要的调整，并且提出的期望小到足以让孩子完成时，你就可以信任他有能力取得成功。

关注长处

汉娜的老师充分利用了汉娜的长处：她对可视化信息细节的关注以及对先后顺序的基本理解。汉娜的老师"听到"了汉娜用非语言方式表达的要求复述故事的信息。你可以有效地利用你的孩子的长处，并将其进行整合，以帮助你的孩子完成一项困难的任务。

不要怜悯

汉娜的老师与她共情。共情与怜悯有很大的不同。她通过画画表达了她理解汉娜的感受。她并没有因为汉娜情绪失控而感到丢脸或失望。当你和其他人努力理解你的孩子对一个情形的感受，而不是因为孩子的错误行为而感到怜悯时，对你的孩子就会有帮助。

不要放弃

汉娜的老师坚持寻找能帮助汉娜自我管理的积极办法。她没有架着汉娜去同学们排队的地方，她等待着汉娜自己行动。你的有特殊需求的孩子将会继续学习新的技能。在这个过程中，你的孩子掌握新的社会技能需要时间，而你将有机会锻炼耐心。

创造获得成功的机会

汉娜的老师一直待在离汉娜很近的地方，通过她的身体语言告诉汉娜她就在身边。这样，她就能注意到并鼓励汉娜做出的任何独自朝着门口走去的尝试。想一想你如何精心安排一个情形，以便让你的孩子体验到成功，即使是为了达到期望而做的微不足道的尝试。

教给孩子技能

汉娜的老师教给她通过图片回应和沟通，以此作为一种处理汉娜更抽象的情感体验的方式。每当她遵循一个指令时，老师都认可她。要将教给孩子自我管理和社会技能放在优先位置，你的孩子在这些方面习得的能力越多，他或她在困难的情形中就越能做出积极的反应。

让孩子看到如何做，但不要为他做

汉娜的老师克制住了，没有强迫汉娜去门口排队。假如她这样做的话，可能会增加引起汉娜更生气的风险，汉娜可能会因为被强迫去做自己还没有准备好的事情而变得更郁闷。相反，她的老师耐心地等着汉娜重新控制自己的情绪，自己走过去。

当你自己的孩子处在一个类似的情形中时，要尝试为她或他示范你期望的行为，并耐心地等待她独立地模仿这个更受欢迎的行为。如果你的孩子还不擅长模仿，要温和地帮助她做出这个行为。如果你没有感觉到孩子有身体上的抗拒，要先提供这种类型的支持。当你以这种方式向孩子"表明如何做"时，要"用你的手倾听"，也就是说，当你确实感觉到你的孩子要独立完成部分或全部行为的任何身体动作时，就要逐渐撤掉你的帮助。我们理解有些时候耐心等待是很困难的。要将耐心等待看成一个努力争取的目标。这种争取是美好的；承认我们有时候会达不到期望，是至关重要的。

以兴趣为基础

知道汉娜喜欢看图画的细节，老师就用画画向汉娜表达共情和理解。汉娜对自己父母的兴趣使得老师讲的故事内容激起了汉娜的关注。要利用孩子的兴趣引起并保持孩子对你要教给他的技能的关注。

鼓励

每当汉娜完成了要求她做的事情时，她的老师就会说鼓励的话，比如，"汉娜，谢谢你把午餐盒收好。"你用来鼓励你的孩子的话，在措词时不要作为赞扬，而应该是对你的孩子的积极行为的陈述，这会有助于你的孩子学到对社会有益的行为。

利用班会和家庭会议

如果汉娜对老师的要求仍然不合作,这位老师或许可以在每天的圆圈时间提出这个议题。例如,老师可以和汉娜以及她的游戏小组中的学龄前同学一起做头脑风暴,想出在他们感到悲伤时应该怎么办。用图画把大家在头脑风暴中提出的建议列出来,可能会帮助孩子们理解一起想出的办法。另外,老师也可以运用角色扮演活动,让孩子们练习如何从生气中恢复过来。通过班会中的角色扮演活动,汉娜和同学们就能观察并思考解决挑战的方法。家庭会议和班会对于事后了解并解决引起你担心的问题是非常有价值的。你的孩子的参与和在会上的发言,能帮助他或她看到回应挑战的各种选择。在你选择用哪种直观的可视化方式(绘画、印刷体文字,等等)来记录会议上产生的想法时,要考虑到你的孩子的年龄限制和特殊需求。

喜欢你的孩子

汉娜的老师真的喜欢汉娜。她把汉娜经历的挑战看作是发现帮助汉娜学习拥有成功人生所需的社会技能的好办法的机会。要找到喜欢你的孩子的方法。你和孩子在一起的这段人生旅程,可以成为做出新发现的一个机会,使你们两个都更坚强,关系更密切。

本章正面管教工具回顾

1. 帮助你的孩子形成我有能力理解我的感受,并能表现自我控制的信念。

2. 帮助你的孩子形成我能以责任感、适应能力、灵活性和正直来对日常生活的经历做出回应的信念。

3. 将任务分解成小步骤。

4. 停止所有的批评。

5. 鼓励任何积极的尝试。

6. 相信你的孩子的能力。

7. 关注长处。

8. 不要怜悯。

9. 不要放弃。

10. 创造获得成功的机会。

11. 教给孩子新技能。

12. 让孩子看到如何做，但不要为他做。

13. 以兴趣为基础。

14. 鼓励。

15. 运用家庭会议和班会。

16. 喜欢你的孩子。

第 6 章

杰米的故事：
增强孩子的归属感与价值感

3岁的杰米喜欢玩玩具汽车和卡车。1岁前，他喜欢仰面躺在地板上，两眼看着自己来回转动的玩具汽车的车轮。当他在18个月大时，被诊断患有自闭症谱系障碍的时候，其中一位测评者建议他的父母限制他玩玩具车的时间。她相信这个不断重复的行为可能会减少他了解和玩其他玩具的时间，而且，由于他更喜欢一个人独自玩他的小汽车，这会妨碍他学习如何跟别人一起玩的能力。

杰米的父母把他们得到的与儿子有关的每一个建议都记在了心里。回到家后，他们就把所有的玩具车收进一个大箱子里，并把箱子放进了储藏室的一个架子上。他们决定以后每次只拿出几个玩具车，而且每天只让杰米玩有限的一点时间。显然，并不是所有的玩具车都被收了起来，因为当杰米的父母正在讨论他们的办法时，杰米微笑着走进了房间，手里拿着一辆小汽车。杰米的父亲杰克马上把小汽车从他手里拿了过来，并且说："让我们去找你的拼图吧。"杰米看上去很震惊，然后，他的脸因为生气而扭曲了。"车呢？车呢？"他绝望地说道。杰克答道："让我们去玩拼图吧，杰米。"当杰米继续说着"车呢？车呢？"的时候，杰克走出了房间。杰米没有跟着爸爸出来，而是倒在了地上，用一种很悲惨的语调大叫："车！"他扭动着身体在地板上打滚，并开始尖叫着悲伤地大哭起来。杰克一直待在另一个房间里，一边等待杰米平静下来，跟他一起玩拼图，一边在想他的做法是否正确。

所有的孩子，包括有特殊需求的孩子，都力图在自己的家里以及群体中感受到归属感和价值感。杰米最初表现出的行为表明，他确实感受到了归属感和价值感。他进入了他父母的房间。他拿着他的小汽车时的微笑，表明他在父母面前感觉到安全和一种联接感（归属感）。

当杰克没有经过允许就夺走了小汽车时，杰米的情感反应之一是吃惊。他最终表现出了沮丧和痛苦的迹象，因为他接下来的一系列沟通（"车呢？车呢？"）都没有得到理睬。杰米的情感反应对于他的经历而言，是合理而恰当的。他继续和他的父亲沟通，尽管声音中带着痛苦，这表明杰米相信他仍然能够联结（归属感），并且相信他的信息足够重要，应该得到倾听（价值感）。最终，当杰克（在杰米看来）忽视了他的痛苦，并且没有认可杰米与他沟通的内容时，杰米的归属感和价值感看起来开始受到损害。杰米躺在地板上的举动，很可能反应了他对未经解释就突然失去他的小汽车的不断增长的绝望，以及对他沟通的信息得不到理解的沮丧。他的失望行为的进一步升级（尖叫、大哭以及在地上打滚），很可能是因为杰米在那一刻好像既感觉不到

> 所有的孩子，包括有特殊需求的孩子，都力图在自己的家里以及群体中感受到归属感和价值感。

归属，也感觉不到自己的价值。

当你的特殊需求孩子以并非对社会有益的方式行事时，你在帮助他学习以其他不同的方式行事的过程中，运用正面管教工具将会肯定他的归属感和价值感。由于你的孩子理解话语的含义或者交流的能力可能会由于其疾病而受到损害，你可能需要调整你的沟通方式和行为，以便让你肯定和支持孩子的归属感和价值感的信息能够被他清晰地接收到。

> 由于你的孩子理解话语的含义或者交流的能力可能会由于其疾病而受到损害，你可能需要调整你的沟通方式和行为，以便让你肯定和支持孩子的归属感和价值感的信息能够被他清晰地接收到。

增强孩子的归属感和价值感的正面管教工具

让我们重放一次上面杰米的情景，这一次，想象杰米的父亲在这个情形中运用了正面管教工具。尽管杰米的父亲可能仍然对杰米找到了一辆玩具车感到担心，但他可能会带着更大的热情和理解走近杰米（他可能还意识到，有一辆玩具车在杰米看来并没有问题）。杰克没有拿走杰米的车，而是说了自己对这个玩具的看法，更重要的是，说出了杰米对这个玩具的显而易见的感受："你找到了一辆车！有了它你很开心吧！"然后，杰克可能会鼓励杰米想出这辆车的更多玩法："你能用你的车做什么呢？"进而，杰克可能会抓住这个机会，通过要求两人轮流拿着玩这辆汽车，以便他能示范这些玩法，来教给杰米一些社会技能。杰克可能会鼓励反复轮流玩的机会，使用一些杰米在其他情形中也能用到的话："轮到你了"（或"轮到杰米了"）和"轮到我了"（或"轮到爸爸了"）。

杰克或许会以更渐进的方式引导儿子玩拼图，努力帮助杰米轻松、愉快地把他的注意力和兴趣从玩具车转移到拼图上。当轮到杰克玩玩具车的时候，他可以让车跑进另一个房间，寻找一个想象中的玩具商店。杰米很可能会因为想要这辆车而跟在后面，毫不抗拒地进到另外的房间。一旦到了那儿，杰克可以把车还给杰米，鼓励他让汽车在玩具商店里到处转转。当再一次轮到杰克的时候，他可以让车开到放拼图的书架那里，并抽出一幅拼图。因为知道杰米对汽车感兴趣，杰克可能会策略性地抽出一幅汽车主题的拼图。由于杰米就在旁边紧盯着杰克手里拿着的汽车，杰克可能会开玩笑地把汽车藏在拼图下面（让杰米来找），或者抽出拼图上的一片拼块（引诱杰米拼回去）。这种情景可以像这样继续下去，每次轮到杰克的时候，他就会给杰米一个非常小的挑战，目的是帮助杰米玩各种各样的玩具。当然，杰米可能还没有为这些额外的挑战做好准备并且可能只想要回玩具车，按他自己的方式玩。然而，即使杰克只帮助杰米做到了轮流玩（尽管这也是杰克精心安排的）并轻松地带着玩具车进了另一个房间，这对于杰米来说都是重要的成就了。

如果在父亲拿着玩具车的任何时刻，杰米变得很紧张，杰克可以映射杰米的感受，并说出他的儿子想表达的信息："你似乎很担心。你现在就想要你的汽车！"通过这样做，杰克不仅向杰米确认了他理解杰米的信息，而且还认可了杰米的信息是重要的。此外，杰克还向杰米表达了共情，帮助他的儿子感觉自己被理解了。而且，他给杰米提供了一个这种感受的标签，开始了建立情感词汇表这项重要的工作，用斯坦利·格林斯潘的话说就是"情感思维"。

在这个经过修改的场景中，杰米的父亲通过运用7个非常重要的正面管教工具，增强了他儿子的归属感和价值感：

- 确保把爱的信息传递给孩子。
- 在纠正之前先建立情感联结。
- 通过倾听"进入孩子的内心世界"。
- 映射和/或认可孩子的感受。
- 花时间训练。
- 和善与坚定并行。
- 运用矫正错误的3个R。

在这个经过修改的场景中,杰米的爸爸杰克表现出了热情和接纳,尽管他最初对杰米玩汽车的事情感到不安(确保把爱的信息传递给孩子)。他倾听了杰米,并认可了他对汽车的兴趣(在纠正之前先建立联结),然后,通过用他感兴趣的东西玩简单的互相轮流的游戏,来花时间训练。当杰米变得不高兴时,杰克映射并认可了他的感受。杰克做到了和善与坚定并行:和善地尊重杰米;坚定地满足情形的需要(帮助杰米学习新的技能)。所有这些工具都帮助杰米形成了一种归属感和价值感,同时指导他学到了对他的成长和发展非常重要的技能。

不幸的是,现实生活并不允许我们在无意中(但出于好心)把事情搞砸后和孩子把一个情形重演一次。在原来的情形中,杰米的父亲可以用矫正错误的3个R——承认、和好以及解决——来矫正自己的错误,帮助他的儿子恢复情感平衡。正如我们在第3章讨论的那样,在我们与孩子的互动中,无意的错误是难免的。如果你对你的孩子犯了一个错误,我们鼓励你恢复你与他之间的情感联结,并确认他真的很重要。

为了使你和你的孩子的关系恢复平衡,要遵循矫正错误的3个R:承认你的错误;通过正确的处理方式表达真诚的道歉,与你的孩子和好,通过让你的孩子参与来解决问题。你也许已经体验过，当你道歉的时候，孩子们是多么宽容。这个简单的行为，会在你们进入一起努力寻找解决办法的纠正阶段之前建立起一种情感联接。

如果你的孩子对语言的理解能力有限，并且无法理解与矫正错误的 3 个 R 有关的抽象概念，你可以（1）用简单的语言承认你犯了个错误（例如，"哎唷！爸爸犯了个错误！"），（2）对你的孩子因你的行为而产生的苦恼表达共情（例如，"你很伤心"，并做出一个悲伤的面部表情，用悲伤的语调说出来），（3）用简单的词，寻找一种解决办法（例如，"如果爸爸把车还给你，会有帮助吗？"）

> 为了使你和你孩子的关系恢复平衡，要遵循矫正错误的 3 个 R：承认你的错误；通过对的处理方式表达真诚的道歉，与你的孩子和好，通过让你的孩子参与来解决问题。

确保把爱的信息传递给孩子，在纠正之前先建立情感联结以及运用矫正错误的 3 个 R（在适当的时候）将极大增强你的孩子的归属感和价值感。除了正面管教的这些工具和前面提到的其他工具之外，你对你的孩子行为背后的错误信念以及相应的错误目的理解，将再一次使那些能增强你的孩子的归属感和价值感的积极主动的鼓励性回应清楚地显现出来。

与孩子的错误目的相关的正面管教工具

杰米从一个拿着自己的爱车的快乐男孩，变成一个苦恼的的孩子，只用了不到 3 分钟的时间。然而，导致杰米决定如何反应的隐藏信念，以及引导杰克做出这种决定的信念是复杂的。通过错误目的表（详见第 2 章）的镜头检查杰米和父亲的互动，给出了关于杰米的错误目的和他的爸爸可以回应的的鼓励性方式的线索。

杰米对玩具车的强烈关注是无辜的。像这样一种在某种程度上不同寻常地全神贯注于某些事物或想法的行为，是自闭症谱系障碍的特征之一。杰克错误地把这种行为理解为一个挑战，好像杰米的行为是冲着他来的。杰克的回应——未征得同意就从杰米手中抢走小汽车——来自于他自己的信念，即杰米需要增加他的游戏种类，以及他随后做出的让杰米停止关注玩具车的决定。在对父亲行为的回应中，杰米没有跟着爸爸去有拼图的房间，而是增强了对那个汽车的关注（倒在地上，并大叫："车！"）。最后，杰米的行为进一步升级为大哭大叫着在地板上打滚。

杰米在随后的行为中清楚地反映出来的对于失去玩具车的加剧的苦恼，明显是由杰克的行为引起的。相应地，这些行为是由杰克感觉杰米最初的无辜行为使自己受到了威胁和挑战而导致的。杰米行为的升级，可能受到了他想让爸爸关注并认可他表达的信息这一合理要求的进一步影响。杰克对吉米要玩具车的无辜请求置之不理，这导致了杰米真的以社会引发的方式行事；此刻，杰米的行为真的是针对杰克的。这个例子清楚地表明了大人对孩子无辜行为的反应是如何让一个孩子的无辜行为转变为错误目的的行为的。

考虑到杰克的感受（受到威胁和挑战）以及行为（把车拿走并离开），与杰米的社会引发的行为相关的错误目的是寻求权力。杰米行为背后的错误信念是"只有当我来主导或控制，并证明没有谁能主导得了我的时候，我才有归属感和价值感"。与这个错误目的相关的密码信息是"让我帮忙，给我选择"。

如果你的孩子的行为是出于寻求权力，正面管教提供了很多宝贵而有用的工具。除了上面提到的工具之外，我们将讨论以下八个在杰米的情形中可能有帮助的正面管教工具。其中有一些是上面提到过的；此外，和善与坚定并行这一工具的重要性将做详细讨论。

- 通过请求帮助，把你的孩子转向积极的权力。
- 提供有限制的选择。
- 和善与坚定并行。
- 决定你要做什么。
- 让惯例说了算。
- 运用赢得合作的四个步骤。
- 记住，你的孩子在感觉到被倾听之后才会听你说。
- 运用家庭会议或班会。

知道处理一个挑战行为永远不止一种方法，是非常重要的。当你有几种可以采用的方法，让你能选出看上去最适合当时情形的一种方法的时候，你会觉得更受鼓舞。

通过请求帮助，把你的孩子转向积极的权力

一个正在帮助父母或老师的孩子，不太可能同时跟这个大人争斗。帮忙这个行为本身能使孩子感觉到一种与他能完成的事情相关的个人的、建设性的力量，并感觉到对自己所处环境的部分控制。考虑到一个有特殊需求的孩子由于与其疾病相关的局限而经常体验到的较弱的个人力量感和控制感，向这种孩子寻求帮助会让他们感觉深受鼓舞和认可。在杰米的情景中，从一开始就应该向他寻求帮助。可以要求杰米帮助把汽车放在一个特殊的地方，或者去帮助寻找拼图。如果单靠语言无法让杰米理解，可以用更具体的方式请求他帮助：当要求他帮忙整理的时候，可以给

> 知道处理一个挑战行为永远不止一种方法，是非常重要的。

他看一个日常用来存放特别玩具的专用"整理"箱。或者,杰米的爸爸可以自己从另一个房间取来拼图,开始在杰米身边拼装,然后让杰米帮助他完成。

提供有限制的选择

给一个孩子提供选择,通常会导致这个孩子有更强的控制感,因为最终是孩子(而不是大人)来做选择。如果杰克在杰米玩耍的时候给他更多的选择,杰米就不大可能感觉自己被父亲控制着。"当我们玩拼图的时候,你是喜欢让你的车子'看着'我们,还是把它放在你的口袋里?"感觉到自己的个人权力(因为他有选择),可以让像杰米这样的孩子体验到力量——不是以错误的方式,而是以与其年龄相称并对社会有益的方式。

此外,作为将杰米的注意力转向其他玩具的一种方式,杰克可以向杰米提供其他有吸引力的游戏,比如在一个迷你蹦床上跳或者看一本最喜欢的书。当一个像杰米这样患自闭症的孩子如此专注于一件最喜欢的玩具时,即使让他考虑一下玩别的玩具都是非常困难的。毫不费力地转移关注的焦点是他可能根本还没有掌握的一个技能。通过给杰米提供一些选择,从短期来看,杰克可能会帮助他的儿子将注意力转移到其他可能的事情上;从长远来看,可能会使活动的转移容易得多。

和善与坚定并行

杰克从杰米手中夺走汽车是坚定,但肯定不和善。事实上,这反映了坚定的消极特点:对杰米的感受不体贴。要表明和善与坚定并行,杰克可能需要向杰米表现出热情和理解,同时,还要以尊重的方式限制杰米玩汽车的时间，以便他玩别的东西。而且，当杰克对杰米要回汽车的恳求置之不理时，以及当他走出房间时，杰克保持了对杰米的坚定。这两个行为再次表明了坚定的消极一面：缺乏对孩子表达的信息的认可，更尖锐一点，是缺乏对孩子本身的存在的认可。当你的有特殊需求的孩子做出表明接下来会有更麻烦行为的行动时，这就是需要你的和善与坚定并行的关键时刻。在这些时候，以一种温和而平静的方式全身心地和孩子在一起，会有助于避免争斗，或者，如果发生了争斗，至少能减轻其激烈的程度。

决定你自己要做什么

决定你自己要做什么，而不是你要强迫你的孩子做什么，是避免权力之争的一种相互尊重的方式。在杰米的例子里，他的爸爸可以把拼图拿到杰米正在玩汽车的房间里。杰克可以自己开始玩拼图，或者其他任何除了汽车之外能让杰米感兴趣的玩具。看到有其他玩具并且看到爸爸在玩，可能会诱使杰米自己也尝试玩一个。决定你自己要做什么，为你的孩子做出一个令人满意的他自己要做什么的决定留出了可能性。如果这个决定来自于你的孩子而不是你，就更有可能避免冲突。

让惯例说了算

放弃特别喜欢的玩具或停止最喜爱的活动，对许多孩子来说都是一种不愉快的体验。这种不愉快的体验对患有自闭症谱系障碍的孩子来说可能更强烈，因为他们可能不理解停止这个活动或放弃这个玩具的原因。为了帮助你的孩子停止玩一个玩具或一项最喜爱的活动，要让惯例说了算。这还有一个额外的好处，就是让父母或老师摆脱了"权威人物"的角色。你可以简单地提醒你的孩子这个惯例的存在（例如，在洗澡之前收拾好玩具；关掉电视再吃晚饭）并在传递这个信息时尽量保持情感的平和。

在杰克尝试不让杰米花太多时间玩汽车的时候，他就可以开始跟杰米建立一个惯例：玩一段时间玩具车，接着玩一段时间其他玩具。定时器的使用成为惯例中的另一个"权威"，这样，当应该停止玩汽车的时候，杰克就不必充当向杰米发出信号的"上司"了。对于很多患有自闭症谱系障碍的孩子（以及很多没有自闭症谱系障碍的孩子）来说，用图贴出这个惯例表会很有帮助。线条画或照片提供了对孩子很有帮助的视觉信息。对于尚不能理解图片含义或者有视觉损伤的特殊需求的孩子，可以把代表这些意思的物品按照顺序排列在板子上，以此来代表惯例。例如，一辆微型汽车可以代表汽车玩具，一根泡泡棒可以代表吹泡泡活动，一片拼图可以代表玩拼图。通过视觉化的或具体的代表物品知道接下来该干什么，可以帮助孩子更轻松地做出转变。

运用赢得合作的四个步骤

赢得合作的四个步骤如下：

1. 表达出对孩子感受的理解。
2. 表达出共情，但不是宽恕。
3. 告诉孩子你的感受和看法。
4. 让孩子关注于解决问题。

当你的孩子基于一个错误目的，比如寻求权力，而做出一个行为时，要从让他知道你理解他的感受开始。杰米表现出了各种情绪，而杰克可以通过表达出共情、通过表明他理解杰米的感受来认可杰米的感受。你表达出共情并不意味着你赞同那些让你担忧的行为。同样，通过向杰米对汽车的情绪表达共情（有车就高兴，而车子被拿走就生气），杰克不会表达出他赞同杰米对玩具车的强烈关注。

记住，你的孩子在感觉到被倾听之后，才会听你说

如果杰克倾听了杰米的信息，或许杰米就更可能倾听杰克玩拼图的邀请，并做出令人满意的回应。最终，你的孩子会受到鼓励，帮忙想出一个避免将来出现这个问题的办法。杰克可以给杰米赋予力量，帮助找到让他减少专注于玩具车的方法（例如，说"我有一些我们可以一起玩的拼图。在我们玩拼图的时候，你能让小汽车停哪里呢？"）。一个被赋予力量并得到信任能帮助想出解决办法的孩子，会更有可能体验到归属感和价值感，而不会为了寻求权力做出不良行为。

运用家庭会议或班会

在家里或在学校里，会议可以被用来作为孩子们学会互相致谢、计划一起参加的特别活动和找到积极的解决方法的时间。在家庭会议或班会上，大人（父母或老师）能够示范并促进合作。有特殊需求的孩子可以学习和家庭成员一起在家里参加会议，或者跟老师和同学们一起在学校参加会议。当然，会议上要解决的问题取决于参加会议的孩子的认知和沟通能力。考虑到杰米的年龄和发育迟滞，他家的家庭会议很可能会很简短。刚开始的时候，

家庭会议可以用来计划家庭特殊事件。教给他致谢的含义以及用法，可以在以后的家庭会议上增加，当他能够解决问题时，可以把解决问题纳入家庭会议的议程。在杰米参加的这些会议中，可以用视觉展示（例如，画在白板上的画、惯例图片等）来加强语言的信息。在这些特殊的会议上，定期与家庭成员或同学们建立情感联接的机会，会增强一个孩子的归属感和价值感，还能帮助孩子发展出使寻求权力不再必要的行为。

本章正面管教工具回顾

1. 确保把爱的信息传递给孩子。
2. 在纠正之前先建立情感联结。
3. 通过倾听"进入孩子的内心世界"。
4. 映射和/或认可孩子的感受。
5. 花时间训练。
6. 和善与坚定并行。
7. 遵循矫正错误的三个R：承认、和好、解决。
8. 通过请求帮助，把孩子转向积极的权力。
9. 提供有限制的选择。
10. 决定你自己要做什么。
11. 让惯例说了算。
12. 运用赢得合作的四个步骤。
13. 记住，你的孩子感觉到被倾听之后，才会听你说。
14. 运用家庭会议或班会。

第7章

瑞奇的故事：
影响你的孩子的潜能

2005年秋天，一位生活在大都市里的单身母亲生下了一个男孩。这个男孩名叫恩里克，也叫瑞奇。瑞奇的母亲安迪16岁时生下了他。她怀孕时已经离家出走，正露宿街头。直到孕期的第4个月，她才意识到自己怀孕了，而在此之前，她一直在服用冰毒。当安迪得知自己怀孕时，她给自己的母亲和继父打了电话，问她是否可以回家。当时，她的男朋友刚跟她分手，她感到很绝望。

对安迪来说，回家并不容易。高二的时候她就离家出走了，因为在她的父母——葆拉和吉姆——为她制定的规矩下生活让她感到不舒服。安迪的父母刚见到她的时候都欣喜若狂。他们一直都非常担心她的安全和健康。葆拉带她去看医生，以便安迪在怀孕的最后5个月能够得到产前护理。

在头几个星期，安迪与葆拉和吉姆相处的很好，尽管他们坚持让安迪回学校念书。不久，安迪就变得烦躁不安了，并且和她那些大街上的朋友取得了联系。这对她上学产生了不良影响，并且导致她和父母重新产生了冲突。安迪重新开始吸烟、喝酒，尽管她确实戒掉了冰毒。可想而知，这种状况导致她和父母发生了一场冲突。安迪的母亲告诉她，只有她愿意按时上学并戒掉烟、酒和毒品，她才可以住在家里。安迪同意了，但偶尔还是继续悄悄逃课。

当瑞奇出生时，安迪和她的父母都欣喜若狂。瑞奇是葆拉和吉姆的第一个外孙，一生下来就受到宠爱。第1个月，安迪把时间和精力都用在了照料瑞奇上，而葆拉则待在幕后，真的努力让安迪当好母亲的角色。在此之后，安迪又变得烦躁不安了。她遇到了一名年轻男子，他怂恿她"过令人兴奋的生活"，并要找点乐子。安迪开始让她母亲更多地照料瑞奇。葆拉为此质问安迪，并提醒她说，她，安迪，才是瑞奇的母亲，而且瑞奇需要她。安迪怀着满腔的怨恨带着瑞奇离开了家，搬去跟她的新男友同住。她还从高中辍学了。

尽管安迪拒绝让葆拉知道她住在哪里，但她仍然会带着瑞奇回来，让他跟外祖父母一起待一段时间。葆拉注意到了瑞奇没有得到很好照顾的迹象。当他来到家里时，经常脏兮兮的，尿片也没换，连续好几个星期都流着鼻涕。最后，安迪把他留给了葆拉和吉姆过一个周末，但她两个多星期都没有回来。当她回来接瑞奇的时候，葆拉看她很兴奋，便拒绝将瑞奇交给她。安迪在前院的草坪上大喊大叫并痛斥她的母亲，最后气愤地离开了。第二天，她回来时状态好多了，并且向葆拉道了歉。她承认自己一直在吸食冰毒，但强调对失去瑞奇的恐惧让她把事情看得更清楚了。葆拉由于担心会失去与她们母子的联系，虽然明知不可取，还是让瑞奇跟着安迪回了家。

葆拉在接下来的3个星期没有安迪的音讯，也没有见过瑞奇。最后，她接到了安迪一个惊恐的电话，安迪恳求葆拉去接她。当葆拉到达安迪给她的地址时，看到安迪缩成一团，全身发抖。瑞奇在婴儿床上哭号，他的尿片已经满了，但周围没有干净尿片可换，房间里到处都是垃圾。葆拉含着眼泪打电话叫来了护理人员和警察。当时，瑞奇只有6个月大。

在接下来的4年半里，瑞奇跟他的外祖父母一起生活。安迪在治疗中心进进出出，努力戒掉她的毒瘾。在此期间，安迪同意终止她的母亲权利，由葆拉和吉姆收养瑞奇。安迪仍然和瑞奇生活在一起，但更多的是作为一个"阿姨"而不是一位母亲。虽然她的生活仍然不稳定，但她确实努力戒掉了毒品和酒。瑞奇4岁那年，她又生了一个女儿，取名叫马莉娅。马莉娅出生后，安迪的生活有了改观。她在一家儿童保育中心找到一份工作，而且可以带着马莉娅去上班。她搬到了离她母亲的家4个街区的一间公寓里，继续经常看望瑞奇。

4岁时，瑞奇是一个愤怒的小男孩。葆拉和吉姆很担心他，尤其是在他因为对其他孩子的严重攻击行为而接连被两个儿童看护机构要求离开之后。当葆拉生气地斥责他打其他孩子的时候，瑞奇回答："我不在乎！我就是要打他们！"葆拉害怕他真的这样做。在瑞奇第二次被开除后，葆拉向当地的早期儿童特殊教育项目寻求帮助。瑞奇符合接受特殊教育服务的条件，并被安置在一所社会技能幼儿园。也是在这个时候，葆拉带瑞奇去做了一个心理评估。在评估过瑞奇的过去和当前问题之后，他被诊断患有"紊乱型依恋"[①]。具体地说，这意味着瑞奇既渴望又害怕与爱

---

① Disorganized attachment，紊乱型依恋，亦称"D型依恋"，婴儿依恋的一种。M.梅恩等人1990年提出。属最不安全依恋。约占5%~10%。这类婴儿在陌生情景压力下，行为表现得杂乱无章，缺乏组织性、目的性，前后不连贯。这些行为不是一种新的组织，而是安全型依恋、回避型依恋、反抗型依恋这三种基本依恋类型以非同寻常的方式相结合，特别是回避型依恋和反抗型依恋的奇特组合。如与母亲重聚时，既强烈地寻求安慰，又强烈地拒绝或反抗母亲。有的还表现出某些稀奇古怪的行为，如突然的转头、不适宜的运动、不规则的姿势、表情茫然、僵立不动等。在被虐待的儿童和母亲患有抑郁症的儿童里，这种依恋类型最多，在正常样本中，则与母亲遭受心灵创伤或者没有从失去亲人的痛苦中解脱出来有关。——译者注

他的人亲近。这是一种严重的疾病，表明瑞奇形成一种安全的依恋的能力可能受到了严重损害。

在先天本性与后天教养的长期争论中，阿尔弗雷德·阿德勒（维也纳的精神病学家、弗罗伊德曾经的同事）采取了比较合理的折中立场。他相信孩子们（以及成年人）并不是要么受制于他们的生理条件，要么受制于的早期经历。这两种因素都对孩子们有巨大的影响，但都不是全能的。阿德勒认为，孩子们生命中的最终决定因素，既不是他们与生俱来的特点，也不是他们遭受的事情，而是他们对这些经历的理解。正如我们已经看到的那样，孩子们不断地做着有关他们需要怎么做才能茁壮成长或生存的决定。正是这些决定支配着他们的命运。

> 孩子们不断地做着有关他们需要怎么做才能茁壮成长或生存的决定。正是这些决定支配着他们的命运。

尽管先天的疾病或外部创伤经历都会导致孩子的特殊需求，但是，作为特殊需求孩子的父母和老师，你有能力对你的孩子所做出的决定施加积极影响，并最终影响你的孩子的潜能。为此，至关重要是父母和老师们要做两件重要的事情。第一，是避免因为与他们的疾病相关的行为而责备他们。当你的孩子做出其特殊疾病所特有的行为时，他的行为是"无辜的"。第二，是要花时间教给孩子（以一种鼓励的方式）以别的行为替代那些行为。

正如我们看到的那位患有唐氏综合症的小女孩考特妮（第1章）一样，孩子们一直在做着决定，而且这些决定常常是基于对他们的经历的误解而做出的。为了充分说明这个重要的观点，做一些重要的区分是有必要的。考特妮和汉娜（第5章）一出生就患有某种疾病：唐氏综合征和自闭征谱系障碍。瑞奇出生时，据我们所知是正常的，也就是说，他在出生时没有可辨认的、在医学上可以诊断出来的疾病。（然而，他的母亲在孕期使用毒品和酗酒，对他肯定是一个风险的因素。）但是，所有这三个孩子在我们见到他们的时候，都是有特殊需求的孩子。

考特妮和汉娜的特殊需求是她们生来就患有的疾病的结果。瑞奇的疾病——紊乱型依恋——顾名思义是由一系列特定的人生经历导致的（但不是必然如此）。正如我们在进一步探究"无辜行为"的概念时将会看到的那样，这种区别是很重要的。现在，只需要注意到瑞奇表现出的一系列行为很难被认为是无辜的，因为它们似乎是针对其他人，特别是他最爱和最信任的人的。考特妮的无辜行为以及汉娜很大程度上的无辜行为，在她们各自的疾病背景中更容易看出来。

以更现实的方式来说就是，考特妮的母亲会更容易把考特妮在学习如何自己穿衣服时遇到的困难，或者需要似乎不断地反复学习最简单的技能，看作不是针对她的。这种情况几乎总是与考特妮的唐氏综合征有关。另一方面，瑞奇的外婆则很难将瑞奇拒绝她的行为看作不是针对她本人的。当他大叫"我恨你！你很傻！你不是我的真妈妈！"的时候，即使知道这类行为与他的紊乱型依恋直接有关，也未必能使瑞奇的外婆感到更轻松。

不出所料，瑞奇在幼儿园一开始就困难重重。第一天，他拒绝参加圆圈时间，而是站在旁边看。当他的老师乔尔告诉他，欢迎他观看圆圈时间，而且当他做好准备就可以加入的时候，瑞奇似乎很吃惊。当他加入圆圈后，他拒绝坐下来。他的老师又没跟他争论；老师说瑞奇站着没关系，但是如果他改变了主意，可以坐下来。

由此开始，瑞奇慢慢地有了进步。他经常大声地拒绝参加某些活动，只有在乔尔不跟他争论时，他才会改变主意。（乔尔确实向他指出了教室里的某些地方是不能去的，但没有人强迫瑞奇参加他的小组正在进行的活动。）瑞奇还猛烈攻击其他孩子，有时是用言语，有时是用他的拳头。有些时候，他的攻击是"有原因的"，例如，当他不能为所欲为或另一个孩子有他想要的东西时，他会打人或者骂人。但是，在另一些时候，瑞奇对其他孩子的攻击似乎是无缘无故的。当发生这种情况时，老师经常发现自己在摇头，无法相信瑞奇会因为那么小的事情而那么伤人感情。他会让瑞奇从小组里离开，但这似乎只能导致瑞奇逐步升级为大发脾气。

在一次这种无缘无故的情形中，乔尔向瑞奇指出，另一个孩子似乎没有对他做过任何事情。他补充说，瑞奇甚至在打那个孩子前似乎就很生气了。瑞奇回答："我总是很生气。"老师惊奇地大声问瑞奇，在这些愤怒的背后是不是有什么伤心事。瑞奇没有回答。

从那次开始，当瑞奇攻击别人时，他的老师通常会这样开始他们的谈话："我知道很多时候你都很生气、很伤心。我现在怎样才能帮助你？"他会给瑞奇一个"愤怒选择轮"（图4），让瑞奇考虑上面不同的解决问题的方法。随着瑞奇开始更信任他，每当瑞奇伤害另一个孩子的时候，乔尔就能够调解了。在这些情形中，乔尔问瑞奇认为怎样才能帮助那个孩子。一开始，瑞奇没有任何主意。随着时间的推移，他或许会选择道歉了。有一次，当瑞奇摆小餐桌时，他主动提出为那个孩子留一个珍贵的红色杯子！

瑞奇的老师由于了解到（并明确表达出他的了解）瑞奇感到很伤心——即便在他伤害别人的时候——他才能够穿透瑞奇强烈的戒

图4. 愤怒选择轮

备心。通过了解并解决这一关键问题，乔尔就能帮助瑞奇逐渐地愿意解决问题。

葆拉很好奇瑞奇的老师是如何与瑞奇相处的。她注意到的一件事是瑞奇"崩溃"的次数越来越少了。在乔尔的鼓励下，葆拉和吉姆首先阅读了《3~6岁孩子的正面管教》①，然后参加了一个正面管教养育班。无可否认，他们俩都感觉有点难为情，因为他们已经成功地养育了三个孩子中的两个，而且，甚至安迪现在也好多了。他们惊喜地发现，他们并不是班里唯一的外祖父母，也不是唯一有一个愤怒的学龄前孩子的父母。

随着课程的进展，葆拉和吉姆开始明白，尽管瑞奇在出生后的头几个月里经历了非常令人担忧的创伤，而且现在表现出了一些非常令人不安的行为，但是，他的未来并没有就此确定。他们下定决心要对瑞奇施以积极、鼓励的影响。然而，瑞奇不会让他们那么容易做到。

一天早上，快到上学的时间了，瑞奇还在看动画片。他已经好几次无视吉姆让他穿上鞋子的要求了。吉姆对自己被无视已经有点生气，他关掉了电视，并且以严厉的语气告诉瑞奇："穿上你的鞋子，马上！"瑞奇的反应是倒在地板上，乱踢乱蹬，并尖叫着说他恨外公。然后，他把自己的一只鞋子扔向了吉姆。吉姆的第一反应是一把把瑞奇拉起来。

这实际上就是吉姆到此时为止所采用的"歧路"方式，正在这时，他从本书中学到的知识开始起作用了。他知道他就要"掀开盖子"了（见第3章），而他想起来瑞奇的紊乱型依恋常常会导致他"引诱"他所爱的人排斥他。

---

① Positive Discipline for Preschoolers，中文版译名为《3~6岁孩子的正面管教》，北京联合出版公司，2015年2月第一版。——译者注

吉姆以一种温和的语气告诉瑞奇，他认为他们两个都需要冷静下来。然后，他说他要到沙发上去坐一会儿，直到他感觉好起来，而且他还邀请瑞奇和他一起去。瑞奇咆哮着说："不！我恨你！你坏！"吉姆没有说话，只是拍了拍身边的沙发。过了大约1分钟，瑞奇走过来，僵硬地坐下了。但是，当吉姆用一只胳膊搂住他时，他没有反对。沉默了一会儿之后，吉姆说："你真的很想继续看动画片。"瑞奇没吭声，但靠近了一点。"当我把电视关掉的时候，你看上去真的很生气。对不起，我冲你大声喊叫了。"瑞奇说："是的，我喜欢海绵宝宝。而且，当时派大星正被一条大乌贼追呢。"吉姆微笑着说："让我们从报纸看看下次什么时候播，我们一起看怎么样？"瑞奇说："好。"吉姆接着说："不过，现在我真的需要你的帮助。马上就要上课了，我们两个都得赶紧准备好。在我收拾早餐餐具的时候，你能帮点什么忙呢？"瑞奇提出把狗牵到后院去，等狗回来时，他把鞋子穿好。

吉姆认定，作为他对瑞奇不断加深了解的一部分，他为瑞奇做出榜样，成为他希望瑞奇成为的那种人，是非常重要的。这包括犯错误并矫正错误，还包括当有一个问题需要解决时，要倾听瑞奇的反馈。吉姆发现，当瑞奇对解决问题时有发言权的时候，他不顺从的可能性就小多了。

与影响你的孩子的潜能相关的正面管教工具

为了影响你的孩子的潜能，不管他或她天生患有或后天得了任何疾病，重要的是你既要接受这个疾病存在的事实，又要拒绝让这个事实完全支配你对你的孩子的潜能的判断。以下这些工具会对你有帮助：

- 映射并认可孩子的感受。
- 花时间教孩子。
- 努力改善，而不是努力完美。
- 运用转移注意力和转移孩子行为的方法。
- 把错误看作学习的机会。

乔尔在通过映射并认可瑞奇的感受，让瑞奇明白他理解他的情感状态之后，花时间帮助瑞奇认识到在遇到一个问题的时候，有别的方式可以代替攻击行为。他用"愤怒选择轮"作为一种视觉化的方式，让瑞奇直观地看到可以选择的解决方法，而且不强迫瑞奇选择任何特定的方法。通过既不惩罚也不批评瑞奇暂时超出其控制能力之外的反应，老师帮助瑞奇取得了一些小进步。例如，等到瑞奇对他产生了信任感，才努力帮助他看到他的攻击行为对其他孩子的影响，乔尔就是在为瑞奇的逐渐改善而努力。

在家里，瑞奇的外祖父母也在帮助他。通过承认自己对瑞奇大喊大叫这个错误，吉姆向瑞奇表明，错误是可以接受的，甚至可以得到纠正。对于瑞奇来说，他可能有能力矫正一个错误（而且人们还会继续爱他）的观念一开始一定显得很陌生。在上面关掉电视的那次情形中，吉姆很成功地运用了转移注意力的方法来帮助瑞奇——首先是跟他一样赞赏海绵宝宝，然后建议查看一下什么时候可以一起看。接着，他运用了转移行为的方法，鼓励瑞奇选择一件能帮得上忙的事情，为上学做好准备。

与你的孩子的错误目的有关的正面管教工具

再说一次，理解你的孩子行为背后的信念以及这个信念导致他追求的错误目的，对于帮助孩子体验到归属感和价值感有着巨大的价值。对于瑞奇的错误目的,他的老师和外公都得出了同样的结论。他们两个人都注意到,当瑞奇说出攻击性的话或做出攻击性的行为时,他们的情感反应都是难以置信。"瑞奇怎么可能那样伤害同学呢?"乔尔想。瑞奇的外祖父吉姆对自己说:"瑞奇怎么能对我说出那么刻薄的话呢?!"两个人都注意到,当他们简单地对瑞奇的伤害行为作出反应时,瑞奇几乎总是会急剧地升级其行为。他俩都用自己的方式理解了瑞奇的密码信息:"我很伤心。认可我的感受。"他们认为瑞奇的错误目的是报复:"我没有归属感,所以我在伤心的时候就要伤害别人。没人喜欢我,没人爱我。"

如果报复是你的孩子的错误目的,你毫无疑问已经体验到了先注意到孩子有多么伤心,再对其使人痛苦的行为做出反应会很难。当一个孩子有意刻薄地对待别的孩子或我们自己时,会让我们想要反击,或许这是因为孩子的行为招致了我们自己感到伤心,并引起了我们自己报复的错误目的。然而,正如瑞奇例子中的情形那样,反击通常会导致行为升级。相反,尽管有时候看起来可能很难,但请考虑运用以下的正面管教工具。

> 如果报复是你的孩子的错误目的,你毫无疑问已经体验到了先注意到孩子有多么伤心,再对其使人痛苦的行为做出反应会很难。

认可你的孩子伤心的感觉

当吉姆意识到自己已经开始反击瑞奇对他尖叫和扔鞋子的行为时,他重新振作起来,并说了一句向瑞奇表明他理解忽然关掉电视让瑞奇有多么生气的话。知道外公"理解了",对瑞奇很有帮助。当瑞奇的老师表明他理解瑞奇"经常很生气、很伤心"时,接下来就能邀请瑞奇帮忙了。

避免受到伤害的感觉

这说起来容易做起来难。吉姆已经开始了对自己感觉受到伤害做出反应,这时,他想起来把注意力放在瑞奇身上,才会对瑞奇更体贴并更有帮助。然后,他才能够让瑞奇参与一些问题的解决,让他们两个都感觉好了起来。打破"报复循环"取决于大人,因为孩子们还不够成熟或者没有能力做到这一点。太多的时候,大人们期望孩子们控制他们的行为,而大人却不控制他们自己的行为。

> 打破"报复循环"取决于大人,因为孩子们还不够成熟或者没有技能做到这一点。太多的时候,大人们期望孩子们控制他们的行为,而大人却不控制他们自己的行为。

避免惩罚和反击

瑞奇的依恋紊乱(以及瑞奇对自己的错误信念)的一个方面,是他已经相信自己没人喜欢没人爱。这让瑞奇很伤心并引起了他的报复,所以,他要伤害别人。乔尔和吉姆都不怕麻烦地避免惩罚和报复,并且通过帮助瑞奇学习解决遇到的问题,把注意力集中在鼓励瑞奇上。

建立信任

建立信任,尤其是对一个看起来充满敌意和愤怒的孩子,是一个漫长的过程。然而,瑞奇的老师每次认可他的感受,并帮助他思考愤怒选择轮上的替代方法时,他就能建立起一点信任。瑞奇的外公每次表明他帮助瑞奇面对困难情形(以及陪他一起看《海绵宝宝》！)的意愿时，他就建立起更多一点信任。建立信任是"纠正之前先联结"这一正面管教工具的一个重要组成部分。

运用反射式倾听

反射式倾听，是一种让孩子明白你真正理解了你的孩子说了什么以及他的感受的倾听方式。这意味着要从孩子说的话中听出其含义以及在说什么。当瑞奇在沙发上挨着外公坐着一声不响地生闷气的时候，吉姆充分倾听了这种沉默。首先，他说他理解继续看动画片对于瑞奇有多么重要。对此，瑞奇继续保持沉默，但是，气头小了，依偎多了。吉姆也深深地倾听了这一点，并且说出了瑞奇对电视被关掉的愤怒。这使得他们两个能够解决如何为上学做好准备的问题。

做出弥补

向一个伤害过你或他人的人做出弥补，看上去可能像搞反了。然而，为我们自己的行为承担起责任，是教育我们的孩子的一个有力工具。我们已经有多少次听到过"经验是最好的老师"这句话？吉姆通过为他向瑞奇大喊大叫的行为道歉，通过与他一起制定在其他时间（当他们不用准备去学校时）一起看海绵宝宝的计划，向瑞奇做出了弥补。假以时日，瑞奇的老师是在教给瑞奇在伤害了别的孩子时做出弥补。

> 为我们自己的行为承担起责任，是教育我们的孩子的一个有力工具。

这也是说明强迫孩子们道歉无法让孩子们了解道歉的价值的一个好机会。一个真诚的道歉，会成为两个人之间一种非常有效并具有治愈性的经历，但这里的关键词是"真诚"。一个孩子可以被迫说"对不起",但却言不由衷。当孩子们体验到我们——他们的老师和父母——

> 一个孩子可以被迫说"对不起",但却言不由衷。

承担起责任并做出弥补时,孩子们才能逐渐学会真诚的道歉。当孩子们被问到他们认为怎么做可以帮助另一个孩子感觉好起来时,他们有时会自己得出道歉的结论。当道歉是孩子自己的想法时,这种道歉通常都是真诚的。

表达你的关爱

记住:追求报复这个错误目的的孩子们相信他们既没人喜欢,也没人爱。那些传达你真的喜欢并在意他们的大大小小的举止是非常有效的。吉姆通过认可瑞奇的感受,通过承认自己的错误,通过无声地邀请瑞奇跟他一起坐在沙发上,通过用胳膊搂住生气的、闷闷不乐的瑞奇的肩膀,通过邀请他一起度过一些特别时光,传达了他对瑞奇的关爱。

运用积极的暂停

我们从第3章里知道,没有人能在他或她的"盖子被掀开"的时候有效地解决问题。(第4章对积极的暂停有更详细的讨论)。吉姆通过告诉瑞奇他打算在沙发上坐一会儿,直到感觉好起来,向瑞奇显示了如何去做积极的暂停。在家里,吉姆和葆拉可以让瑞奇帮助他们指定一个地方用来做积极的暂停,这是一处瑞奇能去并且有助于他感觉好起来,直到准备好帮助找出一个解决方案的地方。在学校,瑞奇的老师则可以考虑让全班参与建立一个类似的空间。

召开家庭会议和班会

正如我们建议的那样，家庭会议和班会因为很多理由是有用的。对于一个已经相信自己既没有归属也不重要的孩子来说，家庭会议和班会可以生动地说明事实恰恰相反。这些会议能够唤起人们注意到所有参会的人——无论是孩子还是大人——都是这个家庭或班级的一部分。孩子们会学到相互倾听和尊重不同的观点。他们会学到用头脑风暴寻找解决方法，并从中选出一个对每个人都尊重的方法这项技能。参加会议的每个人都起到了一个独特而重要的作用。这有助于孩子们形成一种归属感和价值感，从而减少他们通过不良行为（一个错误目的）寻找归属感和价值感的需要。

本章正面管教工具回顾

1. 映射并认可孩子的感受。
2. 花时间教孩子。
3. 努力改善，而不是努力完美。
4. 运用转移注意力和转移孩子行为的方法。
5. 把错误看作学习的机会。
6. 认可你的孩子伤心的感觉。
7. 避免受到伤害的感觉。
8. 避免惩罚和反击。
9. 建立信任。
10. 运用反射式倾听。
11. 做出弥补。
12. 表达你的关爱。
13. 使用积极的暂停。
14. 召开家庭会议和班会。

第 8 章

本吉的故事：
进入你的孩子的世界

现在是本吉所在的早期儿童特殊教育幼儿园的"艺术时间"，班里所有4岁的孩子们都围在艺术桌旁，伸手去够能拿到的画笔和海绵，把它们浸入五颜六色的颜料中，或直接把他们的小手浸入鲜艳而浓稠的颜料里并将其涂在面前的画纸上。更确切地说，是除了本吉之外的所有孩子。当他听到"艺术"这个词时，他不像大多数他的同学那样赶紧奔向教室里的小艺术角，去看老师为他们准备了哪些诱人的材料，而是迅速走到教室的另一边。当老师鼓励本吉参加艺术活动的时候，他通常不与老师发生目光接触，而是继续找一件他感兴趣的玩具来玩。本吉现在所在班上（为患有自闭症谱系障碍的孩子所设）的教职人员已经从他以前的老师那里知道了他非常厌恶艺术。在他以前的幼儿园里，如果一位老师在本吉已经表明不愿意之后，牵着他的手或抱着他去艺术桌旁，本吉通常的反应是作呕，接着大发脾气。他的大发脾气常常是躺在地板上，大叫大哭着乱踢乱打。他现在的老师都避免领着他或抱着他去艺术角，因为他们不想招致如此极端的反应。即使他们只是告诉本吉到艺术时间了，或给他看当天要做的艺术作品以及表明艺术时间的日程图画，本吉也常常将图画或作品推开，并从老师身边跑开。无论什么时候把艺术材料（特别是颜料、胶水和橡皮泥）给本吉看，他经常是一看到就开始作呕。

　　本吉的幼儿园老师莉莉是一位受过早期干预和早期儿童特殊教育培训的专家，她对本吉不愿意参与艺术时间感到很矛盾。一方面，她相信，考虑到本吉在所有方面发育都严重迟缓，她可以教给他许多其他技能，从而用一个对他的长期生存来说更重要的目标来代替现在的"探索多种艺术媒介"的目标。另一方面，她知道下一学年本吉将入读他所在学区的技能发展幼儿园[①]，并且该学区的特殊教育小组希望他能够参加那里的所有活动，包括艺术时间。由于本吉在技能发展幼儿园将定期接触到艺术活动，所以莉莉想帮助他从这种活动中找到一些乐趣。莉莉刚参加了为期两天的"教室里的正面管教"课程，她决定以"进入孩子的世界"这个正面管教理念作为指导，帮助本吉为他的技能发展幼儿园课程做好准备。

　　每个有（或没有）特殊需求的孩子都是独一无二的，与任何别的孩子都是不同的。在特殊教育和医学领域，标签是出于各种目的来给孩子们分类的，例如，确定他们是否有资格获得特殊服务，决定采用何种教育方法和治疗方案会对他们有帮助，或者在一项研究中将他们归入哪一组。无论标签对这些目的多么有用，都不能掩盖一个事实——即，每个有特殊需求的孩子都有特殊的好恶、独特的性情以及在重要的发展领域不同于其他孩子的长处和弱点。

---

　　① Developmental kindergarten，技能发展幼儿园。是为那些达到幼儿园入学年龄，但在发育方面被视为还没有为幼儿园的正规教育做好准备的孩子设立的一个额外一年的准备项目。——译者注

因此，在试图确定什么对你的孩子有帮助时，尽量理解这个世界在他的眼中是什么样子，是极其重要的。他喜欢什么，

> 在试图确定什么对你的孩子有帮助时，尽量理解这个世界在他的眼中是什么样子，是极其重要的。

不喜欢什么？他独特的性情是什么？他特别擅长什么，特别不擅长什么？当你对你的孩子有了新发现时，你就能更好地理解他的独特角度。这种理解将反过来帮助你知道如何帮助他学习重要的技能，以及在他遇到挑战时，如何以尊重的方式做出回应。

当莉莉知道本吉将要来到她的班里后，她首先阅读了他的评估报告和个性化家庭服务计划①，跟他的父母和以前的老师交谈，并观察他在发育迟缓幼儿班里的情况。这些都是有用的信息来源，因为这帮助她从那些一直陪伴着他且最了解他的人（他的父母）以及那些细致地关注过他的特殊教育需求的人（他的评估小组和以前的老师）的视角了解了本吉。在他开始进入莉莉的班级后，她通过对他的好恶、性情、长处以及面临的学习挑战的第一手了解，开始对他有更直接的了解。这使她能够通过进入本吉的世界，努力从他的视角理解他的体验，来对他拒绝参加艺术时间作出回应，并确定如何帮助他。正面管教提供了许多工具，可以帮助父母和老师**理解并进入孩子的世界**。

帮助你进入孩子的世界的正面管教工具

理解和进入你的孩子的世界的正面管教工具有很多种。无论

---

① Individual Family Service Plan (IFSP)，个性化家庭服务计划是为发育迟缓的儿童提供的特殊服务计划，内容包括一份孩子当前发育水平的评估、一份要实现的目标的说明、为实现这些目标所实施的支持服务、服务开始的日期、服务协调员的姓名和身份证明。IFSP 仅适用于从出生到三岁的孩子。一旦孩子超过 3 岁，就开始实施个人教育项目（Individualized Education Program，IEP）。——译者注

何时你开始帮助你的孩子战胜一个挑战时，这些既尊重孩子又尊重你自己的工具都是非常宝贵的。这些工具包括：

- 通过以下方式理解你的孩子的独特之处：
    - 了解你的孩子的好恶。
    - 欣赏你的孩子的性情。
    - 认识到你的孩子的长处和面临的学习挑战。
- 通过以下方式进入你的孩子的世界：
    - 与你的孩子共情并认可他的感受。
    - 不止用耳朵"倾听"。
    - 问启发式的问题。
    - 安排特别时光。
    - 在纠正之前先建立情感联结。
- 认识到错误是学习的机会。

了解你的孩子的好恶

本吉的老师通过咨询他的职业治疗师，得知他在多种日常活动中都会表现出"感官防御"。为了理解感官防御，我们将简要地描述一下感官体验和大脑之间的关系。我们的感官（视觉、听觉、触觉、味觉、嗅觉以及我们如何体验运动和重力）接收信息，然后，我们的大脑处理并整合那些重要的信息，并且过滤掉我们不需要的信息。有些孩子会对某些类型的感官刺激格外敏感，例如，有些孩子害怕真空吸尘器的声音或无法忍受把收音机的声音开大，还有些孩子会被衬衫里面的标签或者绑得太松或太紧的鞋带逼疯。他们的大脑不能正确地过滤，使得这些孩子们很难将注意力集中在需要他们集中的事情上。这种敏感性会将他们刺激到似乎一点不适都无法忍耐的地步（他们的感官系统已经很烦了！）。

当这些孩子将感官刺激解读为不愉快,并以回避和厌恶来回应这种感官体验时,就会出现感官防御。产生感官防御的孩子,很容易对他们通过感观接收到的东西感到难以承受,甚至是厌恶。例如,其他孩子感觉很平常的声音或气味可能会导致这些孩子产生一种厌恶反应。

作为感官防御的结果,本吉非常不喜欢参与涉及到摸、闻甚至看到像颜料和胶水这种有气味的、粘稠的液态东西的活动。而且,他对坐在教室里的某些类型的座位上也有厌恶反应。他不喜欢坐硬椅子,而更喜欢坐在垫着软垫子的椅子上(比如豆袋椅、软垫椅、迷你蹦床)。重要的是要注意到,对本吉来说,这不只是个人偏好问题。那些他认为不愉快的活动会让他的触觉失衡,进而让他参加这些活动时感到不舒服。

本吉有一些喜欢的东西。他喜欢玩能握在自己手里的硬的小玩具,并且喜欢至少有两个相同的玩具,每只手里拿一个。小球和小汽车都是他最喜欢的;他喜欢将它们握在手里,然后推出去,看着它们移动。

考虑到本吉的这些好恶,莉莉决定让他接触弹珠画,开始不放颜料。她将两颗亮晶晶的银色弹珠放到一个约4厘米高的文件盒盖里。当本吉的同学们在艺术桌旁忙碌时,她将装着弹珠的盒盖拿到了正在治疗垫上玩玩具的本吉面前。尽管还没有给本吉介绍过弹珠,但她很高兴地发现本吉喜欢看着两个小弹珠随着她来回倾斜盒盖而在里面滚来滚去。第二天,在给本吉那个装着两颗弹珠的盒盖之前,莉莉在事先放在里面的一张绘画纸上放了一点无味颜料(1/8茶匙)。本吉在盯着那两个随机滚动的亮晶晶的弹珠时,一开始似乎没有注意到颜料。即便在弹珠开始在纸上滚出一道道细小的彩色条纹并沾上一点颜料时,他也继续兴致勃勃地看着弹珠滚动。在接下来的几个星期,莉莉通过使用弹珠画的材料向本吉介绍了新的、不同的东西,让他参与艺术活动。她给本吉带来了涂有各种颜色的"弹珠画模板"，各种数量（最多是半茶匙）的颜料、各种尺寸和类型的滚动玩具，以及带图案的绘画纸。装着东西的盒盖总是提前为他准备好，以免他因看到颜料被挤在纸上而感到不愉快。通过对本吉的好恶的了解，莉莉理解了他的独特之处，成功地让他参与了一个艺术活动。而且，她利用本吉日渐熟悉和舒适的一件事情，帮助他尝试新的、不同的事物。

如果你正在努力教给你的孩子一个新技能，而且他抗拒你的努力，要通过考虑他独特的好恶来理解他的这种不情愿。这件事情有没有让他感到不愉快的某些特点？能合理地减少这些特点吗？这件事情能修改到让孩子更能忍受或者甚至愉快吗？有办法在你要教给他的事情中加入他喜欢的事情吗？从他的角度来看，如果你正在教给他的新技能与他喜欢的事情有关联，并且很少有他非常不喜欢的东西，他就会更感兴趣！

欣赏你的孩子的性情

史黛拉·翟斯博士（Dr.Stella Chess）和亚历山大·汤马斯博士（Dr.Alexander Thomas）在他们的追踪研究中发现了与孩子的性情有关的 9 种主要品质。一种性情是描述一个人的特征或品质的一种型态。这些特征的组合影响着每个人的独特个性。所有的孩子都不同程度地表现出翟斯和汤马斯所描述的 9 种品质中的每一项。这 9 种品质如下：

1. 活跃水平：孩子的运动活动水平，以及活跃期和不活跃期所占的比例。

2. 规律性：诸如饥饿、睡眠以及排便等生理功能的可预见程度。

3. 初始反应：一个孩子对一个不认识的人、新的物品、情形或地点的反应方式，既包括积极的，也包括消极的应对方式。

4. 适应能力：孩子随着时间推移对自己生活中的变化的反应，比如，是迅速适应，还是需要更长时间来调整。

5. 感觉阈限：一个孩子对感官输入的敏感度。

6. 心理素质：孩子的整体性格——是快乐和满足，还是不快乐和不满足。

7. 反应强度：一个孩子在对一个情形做出反应时的激烈程度。

8. 分心程度：外界刺激对孩子正在从事的活动的干扰程度。

9. 毅力和注意力持续时间：孩子在遇到困难时坚持一项活动的能力，以及不受干扰地从事一项活动的时间长度。

通过与本吉相处的经历，莉莉发现他不活跃的时间比活跃的多。他的父母说，他的饮食和睡眠很没规律。他对于任何新事物或陌生人通常都慢热，并且要花相当长的时间来适应新变化。正如前面提到的那样，本吉对某些事情高度敏感，尤其是涉及到触觉、嗅觉、味觉或视觉的东西。他的心情总体上严肃多于欢快，能迅速地从极度的快乐变成异常生气。他的情感在多数情况下都是抑郁的；然而，某些情形会激起他的强烈反应。他的分心程度、毅力和注意力都是相对的。他能够在自己极其感兴趣的活动中毫不分心地保持较长时间的注意力，但对于他不感兴趣的活动，他的注意力和毅力都很有限，而且相当容易分心。

通过了解本吉的性情，并欣赏他存在于这个世界上的独特方式，莉莉学会了以尊重的方式计划并调整对他的教学。由于本吉适应新情形比较慢，并且要花很长时间来适应一个变化，所以在接下来的几个星期中，她非常细微地改变了他的艺术活动。她大大减少了使他感到不舒服的感官输入，也不要求他在能看到和闻到让他不愉快的东西的艺术桌旁完成作品。此外，她通过在他的弹珠画模板中加入他很感兴趣的东西来帮助他保持对艺术活动的注意力。

当你试图帮助你的孩子克服一个挑战时，要考虑与你的孩子的性情相关的9个特征。通过理解你的孩子的独特性情，你将获得有助于你做出如何帮助你的孩子容忍困难情形的更明智决定的想法和洞察力。

认识到你的孩子的长处和学习方面的挑战

所有特殊需求的孩子都有其长处和学习方面的挑战。在特殊教育中，这被称为"长处和弱点"。找出孩子的长处和学习障碍，对于制定他们的年度教育计划（个性化的家庭服务计划或个性化的教育计划）的目标来说是很重要的。随着你对孩子的具体长处和学习障碍了解得越来越多，你就越能更好地帮助他学习并在教育系统中支持他的需求。

尽管你的孩子有特殊需求，但他也可能有一两项特殊才能。例如，一个被贴上"多动症"（注意力缺陷多动障碍）标签的孩子，可能会在某些方面智力超群。一个被贴上"自闭症"（自闭症谱系障碍）标签的孩子，可能在某个研究领域表现出不凡的天赋。一个被贴上"智力发育迟缓（mentally retarded）"标签的孩子，可能会表现出相对他的整体发育迟缓而言特殊而值得关注的一项技能。尽管本书中使用"智力发育迟缓"这一常用词，但我们应该注意到，特殊教育领域现在使用的更准确的术语——"智力残疾（intellectually disability）"。

莉莉意识到，本吉在很多方面都面临挑战。他不会运用语言或符号进行沟通，而且他才刚刚开始使用个性化图画符号。他在穿脱衣服、用餐具吃饭、洗澡、上厕所以及几乎所有其他日常活动中都需要别人帮助。他的动作缓慢，还有点不协调，而且他在攀爬和骑三轮车时都需要别人帮助。他不愿意与家人之外的人打交道，而且，尽管他喜欢看着其他的孩子玩，但他并不尝试和他们一起玩。

然而，尽管本吉面临许多学习挑战，但莉莉非常关注他的长处，以便她能在有可能的情况下充分利用。例如，本吉对数字和字母异常专注，尽管他还没有正式学过。他会从拼图板中挑出特定的数字，并且会盯着有他喜欢的这些数字的展示墙看。当他没有主动地玩一个玩具时，莉莉经常看到他盯着墙上的挂钟或墙上的大字母（按顺序排列）。她知道他正注意着那些数字和字母，因为当她在他聚精会神地看字母或数字的时候开始唱字母歌或一首数字歌时，他通常会开始微笑，并在她的眼睛和墙上的数字和字母之间来回凝视，这表明他正在和莉莉一起享受这个时刻。

莉莉能够利用他对数字和字母的兴趣，帮助他关注并参与艺术时间。在他的弹珠艺术模板里面的美术纸上的图案，通常有数字或字母。这样，不仅弹珠在盒盖里的滚动保持了本吉对艺术活动的注意力，盒盖里面纸张上的图案也吸引并保持了他的注意力。此外，当莉莉来回摇动盒盖时，她会缓慢而富有音乐感地数到10，或者唱字母歌。因为他对听到的数字和字母会产生一种强烈而积极的联想，这种与他的艺术活动相伴的声音通常会让他脸上露出微笑。除了艺术活动外，莉莉发现每页上有一个数字或字母的简单的图画书，也非常有助于本吉愉快地接触书籍。在此之前，他对书完全没有表现出过任何兴趣。

通过将你的孩子的长处、天分或不寻常的能力融入旨在帮助他掌握一项对他有挑战的技能的一个活动中，你就能以积极和尊重的方式支持他的学

> 通过将你的孩子的长处、天分或不寻常的能力融入旨在帮助他掌握一项对他有挑战的技能的一个活动中，你就能以积极和尊重的方式支持他的学习。

习。此外，通过找出你的孩子的长处和学习中遇到的困难，你就能够更好地理解他对学习一件事情的独特视角。

与你的孩子共情并认可他的感受

与你的孩子共情将有助于你进入他的世界。当你与你的孩子共情时，你是在通过你自己的话语、语气、面部表情和其他肢体语言传递"我理解你此刻的感受"这个信息。从本质上讲，当你认可你的孩子的感受时，他会"觉得自己被感觉到了"，你可以用来向孩子传递你的共情的话语，包括以下任何一句话："你看上去_____"，"你看起来_____"，"你听上去_____"，"你现在_____"。可以将基本的感受词汇加入到这些话语中。对于小孩子们来说，这些词汇包括：高兴、伤心、生气、害怕、沮丧、兴奋、累、骄傲、厌恶、失望和担忧。对于年龄更大一点的孩子，你可以考虑使用更高级的感受词汇。

对一些有特殊需求的孩子来说，如果你在表达共情时，还让他们看描述其感受的图片，他们会更关注你的话语里所用的感受词汇。特别是对于一个语言理解能力有限的孩子来说，一张代表他此刻体验到的感受的图片，能立刻让他知道你了解他此刻的世界，这也是让孩子开始明白他身体里的这种感受有一个名称的一种方式。那些了解了感受词汇的孩子，即便不得不依靠图片来表达感受，也会较少需要将自己的感受付诸行动。

> 特别是对于一个语言理解能力有限的孩子来说，一张代表他此刻体验到的感受的图片，能立刻让他知道你了解他此刻的世界，这也是让孩子开始明白他身体里的这种感受有一个名称的一种方式。

然而，要注意，对于某些孩子来说，你表达共情和展示感受图片的时机十分关键。当你的孩子正大发脾气并做出激烈行为时，你的首要任务是保护他和周围其他人的安全。在他怒气正旺的时候，你说出他的感受可能会进一步激怒他。要记住我们在学习大脑发展时所了解到的：没有一个"盖子掀开"的人能用最好的方式解决问题。由于每个孩子对你的共情话语的反应不同，所以要注意什么时候说出这些话语最有帮助。有时候，最好的方式是发出"共情的气场"。这可能意味着坐在孩子身边，通过你的正能量，而不是用语言，传达一种共情的感觉。你的身体语言，包括眼睛的凝视、面部表情、姿势以及身体的朝向，将会强化你对孩子共情的信息。

当你认可孩子的感受时，要避免试图说服孩子放弃其感受（例如，"你没事的"），修复其感受（例如，"开心点儿"），或者试图把孩子从其感受中解救出来（例如，在姐姐还不想放弃他想要的玩具时，就把玩具从姐姐手里拿过来给他）。分享"共情的气场"是让你学会在适当的时候闭上嘴的好办法。当你对孩子同情，而不试图改变他的感受方式时，你是在让他知道你理解他此刻的感受并相信他有能力处理自己的感受。当你通过共情教给孩子认可他的感受——这是他学会自我管理的第一步——你就是在给孩子莫大的帮助。

本吉能完全理解的词汇非常少。因此，当莉莉在他愉快和不愉快的情形中与他共情时，她会让他接触一些重要的感受词汇。她在向他说共情的话语时，会让他看描绘他的感受的一张图片。例如，当本吉表现出高兴的迹象时，她会在说"你很高兴"的同时，向他展示一张描绘"高兴"的图片来共情。当他对什么事情感到沮丧时，她会在说"你很沮丧！"的同时，向他展示一张描绘"沮丧"的图片来认可他的感受。值得注意的是，图片似乎比听得见的话语更能引起本吉的关注。事实上，有机会看一张描绘他的感受的图片，尤其是在他不愉快的情形中，开始能让他平

> 当你通过共情教给孩子认可他的感受——这是他学会自我管理的第一步——你就是在给孩子莫大的帮助。

静下来了。通过认可本吉的感受，并且通过同时用话语和图片表达她对他的感受的理解，莉莉帮助他开始学习如何对待自己那些不愉快的感受。

不止用耳朵"倾听"

特殊需求孩子的沟通能力相互之间有很大的差别，从能够像其他同龄孩子那样说话和沟通的孩子，到那些发展严重迟缓，既不能使用语言也不能使用传统的非语言沟通方式——比如，手语、图片交流板或电子交流设备——的孩子。无论你的孩子的沟通能力如何，你都要不止用耳朵倾听，既要倾听他所说的话，也要"倾听"他在表达什么，这会帮助你进入孩子的世界并从他的角度理解他的生活。

不止用耳朵倾听，需要用你的眼睛看着他的面部表情、他的身体姿势、他的身体朝向、他的动作速度、他的目光的方向和焦点、他的手势以及身体语言的其他方面。不止用耳朵倾听，需要你在和孩子靠得很近时，用你的触觉和动作感受他身体的能量水平——从慢而弱，到快而强。不止用耳朵倾听，不做评判，并要尽量搞清楚他在任何给定时刻的感受，将大大有助于你进入你的孩子的世界。有了对他的世界的更好的了解，你就能更灵活、更有创造性地考虑对你和他都有效的解决困难的办法。如果这一切对你来说听上去既复杂又有挑战性，你是对的。的确如此！我们都在用一辈子的时间学习如何越来越好地沟通。你会犯错误吗？会的。你和你的孩子能够从错误中恢复过来吗？也一定能。请记住矫正错误的三个R！（见第38页。）

> 无论你的孩子的沟通能力如何，你都要不止用耳朵倾听，既要倾听他所说的话，也要"倾听"他在表达什么，这会帮助你进入孩子的世界并从他的角度理解他的生活。

由于本吉既不用任何语言沟通，也不用手语或图画符号来表达他自己，因此，莉莉经常都不止用耳朵倾听他。以她"听到"的为基础，她能够在很多方面调整对他的教学，以便消除一项活动中不必要的挑战，或者将一项活动中的挑战降到最小，以便他更容易完成。在此，重要的是要注意到，莉莉并没有试图为本吉消除挑战，而是努力将挑战控制到本吉力所能及的范围内。

例如，当他学习在点心时间如何吃各种不同的食物时，莉莉没有要求他像小组里的其他孩子那样坐在点心桌边的一把普通尺寸的幼儿园椅子上。他脸上那不高兴的表情，加上他的身体躲避这种典型的幼儿园椅子的动作，让他的老师知道坐在这种椅子上对他的感官系统来说是个挑战。"听到"这个讯息之后，她允许他坐在有软垫的汽车椅上吃点心，他很愉快地坐了上去。因而，她为他消除了一个不必要的挑战：坐在他觉得不舒服的椅子上。没有了这个挑战，他就能专心地吃东西了。

在另一个例子中，他通过面部表情和身体的抗拒表明他不愿意离开他正舒服地坐在上面玩玩具的迷你蹦床。如果要求他参加的活动是和同学们（都坐在幼儿园的椅子上）一起玩的圆圈时间，莉莉会允许他坐在迷你蹦床上，并将蹦床拉到圆圈旁。靠近圆圈区域能让他把注意力更多地集中在圆圈时间的活动上。同时，由于允许他继续坐在这张蹦床上，他体验到的参加圆圈时间的挑战就小了。通过尽量减少而不是消除他在被要求加入圆圈时间时所面对的挑战，莉莉就能够帮助他越来越成功地关注并参加这个集体圆圈活动。

问启发式问题

问你的孩子一些能让他思考自己所面临的一个挑战的解决办法的问题，是进入孩子的世界的另一个正面管教工具。通过问启发式问题并倾听他的回答，将使你更能从孩子的角度（而不只是你的角度）看问题，并帮助他发展解决问题的能力。

正如上面介绍的"倾听"工具一样，你需要将启发式问题调整到你的孩子的沟通水平。他的理解能力以及他如何表达自己，将决定你所提问题的复杂程度。沟通能力较强的孩子能够理解"什么"和"怎样"的启发式问题，例如，"你需要什么才能……？"或者"你怎样才能……？"沟通能力严重不足的孩子会通过行为来表达他们如何理解一个问题，可以通过很少的语言和手势来让他们想出解决问题的办法。

例如，本吉正在学习玩完玩具后将它们放进一个盒子里。由于他无法独立完成这项任务，莉莉给他提供了帮助。她把手放在他的手背上，温和地引导他捡起他玩过的玩具，并把它们放进盒子里。在这样帮助了他好几个星期后，莉莉开始减少对他的帮助，因为他开始可以独立完成某些动作了。有时候，他捡起玩具之后，会无意中将它扔在盒子外面，而且似乎注意不到这个失误。这时，莉莉并不会帮他捡起来，而是用欢快的语调惊呼一声"哎哟！"然后指着掉在外面的玩具，等着他的反应。她用一个词，以及随后做出的一个手势和故意停顿一下，让他注意到了这个问题（掉出来的玩具），并想出了一个解决方法（再次捡起玩具并放到盒子里）。莉莉这种通过使用最少的语言以及手势与本吉一起解决问题的方式，为今后让他解决更复杂的问题——包括诸如"你能做什么"之类的启发式问题——打下了基础。

安排特别时光

当你计划与孩子定期的特别时光时，你是在运用一个有助于培养和维持你和孩子之间一种长期相互尊重、关爱关系的正面管教工具。而且，给予孩子特别时光还有额外的好处，即，能帮助你进入你的孩子的世界，你能领悟到如何帮助他处理遇到的挑战。

本吉在其早期儿童特殊教育幼儿园中得到了很多特别时光。由于他的发育严重迟缓，他独立完成的技能非常少。在上课的大部分时间里，他得到了莉莉或她的助手的特殊帮助。本吉对给予他特别时光的大人表现得很有兴趣和热情；相应地，那些花最多时间和他在一起的大人也感到与他有一种爱的联结。在与本吉一起度过特别时光时，莉莉和她的助手能更充分地感觉到他看待事情的独特角度，并且能以他们对本吉的看法的推测为基础，和他一起找到解决挑战的方法。通过定期给本吉提供特别时光，他的老师能够进入他的世界，并能够在他遇到挑战时提供更多有针对性的帮助。

在纠正之前，先建立情感联结

帮助你进入孩子的世界的另一个正面管教工具，是"在纠正之前，先建立情感联结"。如果你希望纠正孩子所犯的错误，在纠正之前，你就要以一种和善而关爱的方式与她建立亲密的关系。要走到他身边，蹲下来与他平视，以便他感觉跟你有情感联结，并看到你是在和他说话。说话时要用正常的音量，并且用平和或欢快的语气。使用这个工具时，最重要的一点是要传递出爱的讯息，并让孩子感觉到你对他的爱和你对其错误的担心一样多，或超过对其错误的担心。

由于本吉完成很多任务都需要大人的大量指导，因此，在他试图独立完成任务时，他经常需要得到对其无辜错误的纠正。本吉的老师将他的错误看作是他学习的好机会。他们还将他的错误看作是他们了解如何更好地向他提供所需的帮助，以及

> 经常使用这些工具，将形成你与孩子建立一种亲密、信任和相互尊重的关系的基础。

不过快减少他们的支持和帮助的机会。总之，他的老师以一种热情和乐观的方式与本吉打交道。他们相信，与他保持一种关爱而支持的关系是最重要的，只有在和他建立的爱的联结中，纠正其错误才会对他有帮助。

当你运用上面介绍的理解和进入孩子世界的9个正面管教工具时，你会发现你能以更理解和更灵活的方式回应你与孩子面临的挑战。此外，经常使用这些工具，将形成你与孩子建立一种亲密、信任和相互尊重的关系的基础。

与孩子的错误目的相关的正面管教工具

除了理解和进入你的孩子的世界的9个正面管教工具之外，你还可以在孩子出现错误目的行为时，运用正面管教工具来帮助他。通过理解你的孩子的错误目的行为背后的错误信念，你就能根据他的错误目的来选择工具，以积极主动和鼓励性的方式作出回应。上面描述的本吉在艺术时间的情形，为我们提供了他在以前的幼儿园中发脾气的激烈程度的一个简单介绍。下面的场景描述的是本吉与新老师莉莉之间的一次短暂互动如何引起了他大发脾气。

这是孩子们到幼儿园后不久的"选择时间"，老师鼓励孩子们挑选想玩的玩具。本吉正坐在地毯上玩一组木头彩色套环。他不是把套环套在木柱上，而是在面前的地板上反复滚套环，并看着套环倒下。他的老师莉莉担心他陷入了反复自我刺激的行为，而不是以更有成效的方式在玩，于是，莉莉坐到了本吉面前的地毯上。她通过温和地引导他的手拿起一个套环并把套环套在木柱上来帮助他。本吉抗拒她的帮助，而莉莉感觉受到了这种抗拒的一些挑战，她继续引导他的手做这个动作。刹那间，本吉毫无预兆地使劲推开了莉莉的手，开始尖叫着仰面倒在地板上，双腿乱蹬，无意中踢得木环洒得到处都是。这通脾气持续了至少5分钟。由于莉莉不久前刚学了正面管教的原理和工具，因此，她立即意识到本吉的大发脾气是由她与他之间的互动陷入了一场权力之争而引起的。通过这次小冲突，莉莉对本吉的行为有了更深入的了解，她在之后与本吉的互动中，再也没有出现过本吉大发脾气的情况！

理解无辜行为，避免误解

在我们分析与本吉大发脾气相关的错误目的之前，先回顾一下无辜行为和错误理解是有必要的。与孩子的疾病相关的行为是"无辜的"，并且需要教育和治疗的介入。如果我们误解了孩子的无辜行为，就像孩子故意做的"不良行为"那样做出反应，那么，这种无辜行为本身就有可能变成针对我们的，并且/或者在对迫使其停止无辜行为做出回应时引发新的挑战行为。

本吉反复滚动木环是无辜行为，正如他看到某些具有特殊感官特点的艺术材料会作呕是无辜行为一样。这两种行为都与他的疾病有关。此外，他抗拒被老师带到艺术区以及抗拒引导他的手把套环套在木柱上的行为，都是无辜行为。由于无法用语言、手势或其他任何象征性方法来表达"不，谢谢你，我不想要你的帮助"，本吉的身体反抗是他传递这一信息的唯一手段。他用自己的身体反抗，是他拥有的唯一被社会接受的拒绝形式，并且是与他的沟通能力发

> 如果我们误解了孩子的无辜行为，就像孩子故意做的"不良行为"那样做出反应，那么，这种无辜行为本身就有可能变成针对我们的，并且/或者在对迫使其停止无辜行为做出回应时引发新的挑战行为。

育严重迟缓相关的。当莉莉没有以尊重的方式"倾听"他的拒绝，而是将他的抗拒误解成"不当行为"，并继续引导他的手完成套环的动作时，本吉的无辜行为就被转变成了错误目的行为。本吉大发脾气这一行为的错误目的是寻求权力。他通过他的行为清晰而响亮地传递出了"你强迫不了我"。

莉莉立刻意识到了由于没有倾听本吉身体反抗这一非语言信息，她已经激怒了本吉，她马上运用正面管教工具作出回应，帮助他感受到了归属感和价值感，并且帮助她更准确地表达了她对他的无辜行为的理解。

缓和寻求权力错误目的的工具

当寻求权力是一个孩子的错误目的时，正面管教有很多工具可供考虑。本吉的老师莉莉直接运用的工具如下：

- 承认你无法强迫他。
- 从冲突中撤出。
- 表达你的爱和关心。
- 将孩子的行为转向积极的权力。

莉莉认识到，她无法强迫本吉将套环套在木柱上，也无法在他不愿意接受帮助完成这个动作的时候，用手引导他做任何其他动作。她认识到，如果他的身体抗拒她的努力，就不要引导他的手去完成一个动作，因此，她就从与本吉的冲突中撤出了。在他大发脾气，尖叫着乱踢乱蹬在地板上打滚的时候，莉莉就安静、平和并耐心地等着。通过自己这种安静、平和、随和的举止，有力地传达了她对本吉的关爱和同情。当他终于完全平静下来之后，她通过让他参加同学们正在玩的一场拔河比赛这个他很喜欢的游戏，将他转向了积极地运用他的权力。通过这次经历，莉莉对本吉的无辜行为有了更多的了解，并学会了不将他的行为当成是针对她的。而且，她发现，当她错误地理解了本吉的行为动机，并无意中引起他大发脾气时，她可以用正面管教工具帮助本吉从她的错误中恢复过来。

本章正面管教工具回顾

1. 通过以下方式了解你孩子的独特性：
    a. 了解你的孩子的好恶。
    b. 欣赏你的孩子的性情。
    c. 认识到你的孩子的长处和面临的学习挑战。
2. 通过以下方式进入你的孩子的世界：
    a. 与你的孩子共情并认可他的感受。
    b. 不止用耳朵"倾听"。
    c. 问启发式问题。
    d. 安排特别时光。
    e. 在纠正之前先建立情感联结。
3. 理解你的孩子的无辜行为。
4. 避免误解你的孩子的行为。
5. 认识到错误是学习的机会。
6. 承认你无法强迫你的孩子。
7. 从冲突中撤出。
8. 表达你的爱和关心。
9. 将孩子的行为转向积极的权力。

第9章

娜塔莉娅的故事：
给孩子提供建立情感联结和做出贡献的机会

娜塔莉娅，7岁，她出生后的头两年是在莫斯科郊外的一家孤儿院里度过的。没人知道她的亲生父母的情况，因为她在大约只有1个月大时，就被遗弃在了孤儿院门口的台阶上。体检显示她健康状况良好，尽管她的个头与同龄人相比非常小。对她在孤儿院的生活也所知甚少，除了这家孤儿院总是孤儿太多并且工作人员人手不足。

2岁时，娜塔莉娅被一个美国家庭收养了，她成了这个家庭里三个孩子中最小的一个。她的新哥哥5岁，新姐姐8岁。麦肯齐一家的每个人看上去都很喜欢这个小小的、金发蓝眼的学步期娃娃。

一开始，当娜塔莉娅吃掉她能拿到手的所有东西时，麦肯齐夫妇将其归因于娜塔莉娅在被送到孤儿院前和在孤儿院期间可能经历过的贫困。同样，当她不断地从哥哥姐姐手中抢走玩具时，她的父母因为想起了另外两个孩子的"恼人的两岁",认为这是她所处的发育阶段导致的:让人不愉快,但并不意外。

随着时光推移,娜塔莉娅理解英语和说英语的能力都很好了。事实上,她的父母对她的语言表达能力感到既高兴又满意。娜塔莉娅胃口也变得适度了。但是,她不与人分享的情况变得越来越明显了。事实上,到三岁半时,娜塔莉娅每天都会有好几次长时间地发脾气,似乎每当她不得不放弃某个东西、轮流玩或者仅仅是等待的时候,她都会发脾气。在发脾气的痛苦中,娜塔莉娅会用力打她够得着的任何人。家里的其他人身上都有过瘀伤。

这种经常激烈爆发的脾气给这个家庭造成了恶果。尽管有一位家庭治疗师的帮助,但家里的情感氛围还是恶化了。麦肯齐夫妇看到了这种持续的压力给其他两个孩子造成的影响,感到心都碎了。当娜塔莉娅四岁半时,麦肯齐夫妇伤心地放弃了他们的抚养权。收养中断了,娜塔莉娅被安置在寄养家庭。

在接下来的三年中,娜塔莉娅先后在三个寄养家庭中生活。在前两个家庭,她的行为都太具挑战性。两个家庭的父母都丧失了信心,以至于在她坚决拒绝分享任何东西并对任何试图干预她的人做出攻击行为时,他们采取拿走她的东西并取消她的某些权利的方式惩罚娜塔丽娅。对那些他们所认定的娜塔丽娅对其他孩子做出的"恶劣行为",他们还违反关于寄养家庭的法律规定,打她的屁股。七岁时,娜塔莉娅来到了第四个美国家庭,这个寄养家庭的父母正在因为她而苦苦挣扎。

在她艰难的成长过程中,娜塔丽娅被带去看过很多医生和心理治疗师,最后一位诊断她患有对立违抗性障碍(Oppositional Defiant Disorder,ODD)。然而,幸运的是,娜塔丽娅有一位在州卫生与公众服务部门工作的社会工作者,她拒绝放弃娜塔丽娅。这名社会工作者认为还可以更好地了解娜塔莉娅,因此她在自己的机构内极力游说,让他们准许为娜塔莉娅做一次综合心理评估。心理学家的评估报告发现，娜塔莉娅是一个智力高于平均水平的女孩，并认为她很可能受着胎儿酒精效应（Fetal Alcohol Effect, FAE）和创伤后应激障碍(Post-Traumatic Stress Disorder, PSTD) 的折磨。报告还称，娜塔莉娅的创伤经历让她在大多数时间都感到焦虑并保持"警觉"。胎儿酒精效应使她很难"掌握"新知识。结果，她经常前一天已经掌握了一件事情，但似乎到了第二天就不知道怎么做了。心理学家建议她现在的寄养父母参加一个正面管教养育班。那名社会工作者决定和他们一起参加。

他们三个人参加的这个特殊的正面管教养育班叫做"特殊需求孩子的正面管教"。刚开始时，娜塔莉娅的养父母，嘉琳娜·马尔琴科和伊万·马尔琴科，以及社会工作者塔玛拉只是希望学到一些新窍门来缓和娜塔丽娅的行为问题。娜塔莉娅在学校的表现很差，并且没有真正的朋友。其他孩子已经学会了远离她，因为她会突然爆发攻击行为。在家里，娜塔莉娅则是一个闷闷不乐并沉默寡言的小女孩。

嘉琳娜和伊万自己就是俄罗斯移民，已经成功地帮助了许多生活艰难的寄养孩子，包括几个也是来自俄罗斯的孩子。他们还养育了两个自己的孩子，都已经长大成家。娜塔莉娅让他们很伤脑筋，他们急切地想要帮助她。在上课的过程中，这对养父母学到了许多重要的新概念，但有三个概念让他们印象最深刻。第一个，是阿德勒的基本观念，即所有孩子都想要归属感和价值感。他们回想这些年作父母和养父母的经历，发现他们已经凭直觉理解了这个概念，尽管不知道这个名称。

第二，他们了解到了"无辜行为"这个概念，即那些因一个孩子的特殊需求而驱动，并且未必针对任何人的行为。他们还（通过自己努力和塔玛拉的帮助）了解了胎儿酒精效应，并开始理解患有这种疾病的孩子的一个特点就是他们有时候似乎不能从自己

> 无辜行为是因一个孩子的特殊需求而驱动，并且未必针对任何人的行为。

的经历中学习。记住了这一点，他们开始不像以前那样把娜塔莉娅为寻求归属感和社会联结而做出的努力看作是不当行为了，而是更多地看作是娜塔莉娅还没有完全掌握的一系列技能。

第三，他们知道了形成归属感和价值感的一个重要方面是让孩子有机会做出有意义的贡献。在我们的文化中，我们常常以我们从自己所在群体中得到了什么好处来衡量归属感。阿德勒认识到，回报群体，并培养他所说的"Gemeinschaftsgefühl"（可以不太精确地翻译为"社会兴趣"）至少是同样重要的。

在这种新观念的鼓励下，马尔琴科夫妇决定不再因为娜塔莉娅语言表达能力强而且看起来那么聪明，就理所当然地认为她具备了每个人都认为她已经具备的社会技能。在塔玛拉的帮助下，

> 形成归属感和价值感的一个重要方面是让孩子有机会做出有意义的贡献。

他们审视了"简单的"一起玩耍中所包含的步骤。一个例子是让几个孩子轮流玩一个他们都想玩的玩具。嘉琳娜和伊万认为，娜塔莉娅由于以前的贫困经历，会不想放弃她拥有的任何玩具，因为她相信自己再也拿不回来了。当他们像娜塔莉娅以前的生活中的大人们那样坚持让她分享玩具时，她的反应是坚决拒绝，随后几乎是马上开始打人或挠人。即使当他们与娜塔莉娅共情，表明他们理解她不想放弃这个玩具时，娜塔莉娅仍然做出攻击性的反应。新学到的知识让他们想到，可能娜塔莉娅无法"掌握"来回交换玩具这种方式。当她因此而拒绝（因为在那种时刻她真的不知道怎么做）时，其他人的反应就好像她是故意这样做的一样。这种反应招致娜塔莉娅的无辜行为（"我不知道怎么做"）迅速转变成了错误目的行为（"你强迫不了我"）。

伊万和嘉琳娜决定花时间教给娜塔莉娅分享玩具所涉及的步

娜塔莉娅的故事：给孩子提供建立情感联结和做出贡献的机会

骤。嘉琳娜和娜塔莉娅以及另外两个当时寄养在他们家的孩子（两个5岁和9岁的女孩）坐在一起，让她们看三张图片。在第一张中，一个孩子正在玩一个玩具，另一个孩子问道："我能和你轮流玩吗？"在第二张中，第一个孩子问："你玩过后会还给我吗？"第二个孩子说："当然！"最后，在第三张中，第一个孩子把玩具给了第二个孩子，第二个孩子说"谢谢！"（见图5）。嘉琳娜让孩子们帮忙把图片剪了下来，并粘在一块招贴板上。然后，她们四个一起把招贴板挂在了游戏室的墙上。

嘉琳娜解释说这就是孩子们分享玩具时发生的事情，通常都有再玩一次的机会。然后，她用两个填充玩具表演了这个场景。娜塔莉娅没有能立即接受（或者理解）这也适用于她。接下来的几个星期，当有人要求和她轮流玩她正在玩的一个玩具时，她仍然不假思索地说不。然而，伊万和嘉琳娜不再坚持让娜塔莉娅分享玩具，而是让她从那个招贴板上看如何得到再玩玩具的机会。攻击性行为出现的情况几乎立即就减少了，因为没有人坚持让娜塔莉娅分享玩具。由于她的养父母没有错误地将她的拒绝分享玩具理解为不良行为，而是将其看作无辜行为，娜塔莉娅不再被对其行为的错误解读激怒，并且能更自由地理解所

图5. 帮助孩子学会分享和轮流玩玩具

119

学的新技能了。

正面管教养育班还让嘉琳娜和伊万了解了既能帮助他们教给娜塔莉娅新技能,又能强化这些新技能的另一个工具。这个工具称为"地板时光",最初是斯坦利·格林斯潘博士作为促进与特殊需求孩子的情感交流和理解的一种方法而开发的。从正面管教的观点来看,这也是进入娜塔莉娅的世界并与她建立联结的一个非凡的工具。要运用地板时光,伊万或嘉琳娜就要与娜塔莉娅玩假扮游戏,并要遵从她发起的任何话题。一开始,他们的目的只是要花时间和娜塔莉娅在一起,并帮助她将他们看作是

> "地板时光",最初是斯坦利·格林斯潘博士作为促进与特殊需求孩子的情感交流和理解的一种方法而开发的。

关爱她的大人。他们与娜塔莉娅玩游戏的过程中会以她为主导,并最终变成玩一些精心设计的主题的游戏,其中一个游戏的主题是几个填充动物拒绝分享它们的玩具,并在随后因此受到了惩罚。

对嘉琳娜和伊万来说,这是对娜塔莉娅的世界的一次令人震惊的初步了解。他们看到了她如何解读她早期的贫困和被惩罚的经历,并且更清楚了以前"教"她的尝试(无论是通过简单地重复,就像麦肯齐家那样;还是通过惩罚她,就像她以前的寄养家庭那样)是如何让她既无法掌握技能又感到十分困惑的。难怪她会做出如此强烈的防御性反应。在她看来,她是因为没有某种特别的技能而不断地受到责备。有一次,伊万的填充动物很生气,因为它不想分享一个玩具。让他极其惊讶的是,娜塔莉娅的填充动物给他画了一张图,就像嘉琳娜给三个女孩画过的一样!

你可能还记得,对于一个有特殊需求的孩子来说,重要的是要做两件事情。第一,重要的是我们要承认并接受这种疾病确实存在的事实。作为这些孩子的父母和老师,我们必须尽最大努力了解这种疾病,以及更重要的,与这种疾病有关的行为。在娜塔莉娅的例子中,重要的是马尔琴科夫妇要理解娜塔莉娅之所以在

似乎已经被教会的技能上会出现"失败",实际上是胎儿酒精效应的一个可以想见的副产品。

第二,重要的是,我们不能让孩子患有特殊疾病这个事实阻碍我们将孩子看做一个拥有极大潜能的人。马尔琴科夫妇接受了娜塔莉娅患有疾病这个事实,但并不认为她不能学习。他们根本拒绝(虽然实际上做起来远不是那么简单)使用惩罚方式来教她,并花时间用她能够理解的方式来教她,甚至让她在游戏中教别人。

娜塔莉娅在学习一些新技能方面的进步并没有像希望的那样,一夜间让她脱胎换骨。她仍然是一个经常闷闷不乐并有攻击行为的女孩。其他孩子不会马上和她热络起来。在某些方面,马尔琴科夫妇的工作才刚开始。现在,他们需要帮助娜塔莉娅感受到与他人的情感联结,并感觉到她好像能为别人做出贡献。

建立社会联结和鼓励做出贡献的正面管教工具

随着你的特殊需求孩子渐渐长大,尤其是随着与疾病相关的困难越来越明显,很容易让整个家庭严阵以待——也就是说,在家庭和外部世界之间竖起屏障。当这种屏障被树立起来时,父母(和老师们)就很容易将外面的世界想象成危险的、冷酷的或者(对那些在公开场合的行为具有挑战性的孩子们来说)只有太多的麻烦。这会让人开始对限制孩子与那些"不理解"的人接触感觉越来越舒适。

这种思考方式尽管完全可以理解,但却无法让孩子朝着我们在第1章列出的希望和梦想的方向前进。事实上,这会造成一种现实的风险,即孩子会形成一种特权意识,并且会寻求不再与他人建立情感联结,而是让他人服侍自己。为了成长为拥有清单上所列才能的成年人,我们的孩子需要经常有机会感觉到与他人之

> 为了成长为拥有清单上所列才能的成年人，我们的孩子需要经常有机会感觉到与他人之间相互的情感联结，并且能为他们所在的任何群体做出有意义的贡献。

间相互的情感联结，并且能为他们所在的任何群体做出有意义的贡献。阿德勒将之称为"努力争取优秀"，意思不是要比其他人更好，而是要成为最优秀的自己。父母和老师们可以运用以下工具来帮助孩子：

· 为你的孩子精心安排能培养以下信念的体验："我有能力与别人建立温暖的人际关系，并且我在这种关系中能有所付出。"
· 关注你的孩子的长处。
· 对孩子有信心，并运用鼓励帮助你的孩子尽最大努力。

为你的孩子精心安排能培养以下信念的体验："我有能力与别人建立温暖的人际关系，并且我在这种关系中能有所付出。"

确定如何帮助你的孩子建立社会联结，可能是一件让人困惑的事情，尤其是在难以与他人融洽相处是孩子生活中的突出特点时。然而，正是人际关系才是你的孩子成长、发展和成熟的媒介。温暖的人际关系的有效因素是共情，正如丹尼尔·西格尔所说，这是那种"感觉被感受到"的体验。

随着马尔琴科夫妇在养育班里学到的越来越多，他们认识到，为了帮助娜塔莉娅增强其发展有意义的人际关系的能力，他们就必须确保她感到被他们理解并接纳了。他们继续着每天的地板时光，并继续跟随娜塔莉娅的带领。此外，他们还时不时地在旧的主题上加点新东西。比如，在一次游戏中，嘉琳娜的填充动物完全出乎娜塔丽娅意料地开始哭起来。她的第一反应是问嘉琳娜为什么哭，而不是问这个填充动物。嘉琳娜用那个动物的声音抱怨说它不知道怎么交朋友，而且没有人喜欢它。娜塔莉娅很快就改变了游戏的方向，而嘉琳娜很智慧地遵从了。过了一段时间，嘉琳娜又重新加入了类似情形。有一次，娜塔莉娅似乎惊呆了，但没有改变主题。嘉琳娜用自己的声音轻声对娜塔莉娅说："你能给她提供什么建议吗？"娜塔莉娅对着填充玩具说："你应该试试玩一些其他动物也喜欢玩的游戏。"嘉琳娜的动物抽噎着说："谢谢你。我会试一下。"就这样，在假扮游戏中，娜塔莉娅学到的是日常人际关系中非常重要的相互迁就。

关注你的孩子的长处

在计划孩子的经历，以帮助你的孩子发展温暖的社会联结并在那些人际关系中做出有意义贡献的能力时，以你的孩子已经具有的长处为基础是明智的。在特殊教育中，有过分关注孩子们的不足并努力改进孩子们的弱点的风险。尽管帮助孩子们改进弱点是很重要的，但是，以阿德勒的个体心理学为基础的正面管教将有特殊需求的孩子看作是既有长处也有弱点的完整的人，并且有潜力在各种人际关系中成为有贡献的参与者。

随着娜塔莉娅通过她的地板时光变得越来越轻松和更被接纳，马尔琴科夫妇在社会工作者塔玛拉和娜塔莉娅的治疗师的帮助和支持下，开始思考如何将娜塔莉娅对人际关系的积极体验范围扩大到包括其他孩子。对于很多特殊需求孩子的父母来说，帮助他们的孩子与能力似乎强很多的同龄孩子建立人际关系是一个挑战。而且，与娜塔莉娅的情况不同，这些孩子中的大多数不必到了第五个家庭才开始发展他们的人际关系技能。

嘉琳娜已经开始将娜塔莉娅丰富的想象力和玩假扮游戏的技能看作是一个长处。她意识到，这可以作为帮助娜塔莉娅提高人际关系技能的基础。嘉琳娜继续着和娜塔莉娅一对一的地板时光，她问娜塔莉娅是否有兴趣让她5岁的姐姐塔妮莎参与她们的一些游戏。不出所料，娜塔莉娅对这个主意并不热衷，直到嘉琳娜解释说，首先，她和娜塔莉娅每天会继续她们两人的特别时光，第二，她实际上可以用娜塔莉娅的游戏技能帮助塔妮莎学会玩得更好。（塔妮莎也是来自贫穷家庭，并且被发现有一些轻度的发育迟缓。）尽管娜塔莉娅仍然没有完全被说服，但她同意了。

　　一开始，当她们三个一起玩游戏时，娜塔莉娅有些难以接受塔妮莎对游戏如何进行可能会有不同的想法。如果她认为塔妮莎想要她的东西，她会迅速反对。嘉琳娜保持着耐心，并会指向分享玩具的招贴画，提醒两个女孩玩具可以来回交换。私下，嘉琳娜让娜塔莉娅想想鼓励塔妮莎更有创意地玩游戏的办法。她提醒娜塔莉娅想想曾向自己的填充玩具提出的建议："试试玩一些其他动物也喜欢玩的游戏。"娜塔莉娅很高兴嘉琳娜还记得这个建议，并且似乎认为这个建议很重要，她开始喜欢作为塔妮莎的指导者的角色了。在一次令人难忘的情形中，娜塔丽娅开始对塔妮莎缺乏灵活性的行为变得沮丧了，这时，她看着嘉琳娜，说："哦，好吧，她还在学习呢。"

对孩子有信心，并运用鼓励帮助孩子尽最大努力

　　鲁道夫·德雷克斯写道，行为不当的孩子是丧失信心的孩子。能激励他们的，是鼓励。丧失信心（discourage）和鼓励（encourage）这两个词，都来自拉丁词根 cor，意思是"心"。丧失信心的孩子失去了心，并且无法强烈地感觉到归属感和价值感。当我们鼓励孩子们时，我们帮助他们的心变得坚强。西雅图地区一位非常有智慧的注册正面管教讲师乔迪·麦克维蒂（Jody McVittie）博士说："勇气就是我们朝着成为最好的自己的方向前进。鼓励就

是我们给他人成为最好的自己创造的空间——让他们运用勇气。"

在娜塔莉娅继续作为塔妮莎的指导者角色的过程中,她做为称职游戏伙伴的能力也得到了提高。在状态最好的时候,她可以和塔妮莎一起玩很长时间,无论嘉琳娜在不在场,在玩耍的过程中,她既和塔妮莎分享玩具也分享她的决定。现在,嘉琳娜和伊万希望帮助娜塔莉娅将这些不断形成中的技能运用到她与同龄孩子的人际关系中。虽然娜塔莉娅在学校的整体行为有了改善,但她在交往方面仍然比较孤僻。

嘉琳娜与索菲——娜塔莉亚同班的一个小女孩——的妈妈熟悉,她给索菲的妈妈打电话,商量了她扩大娜塔莉娅的交往范围的计划,并问她和索菲是否有兴趣在公园里与她和娜塔莉娅见面。索菲的妈妈同意了,并且她们安排下个星期六在公园里的游乐场见面。嘉琳娜尽量降低期望,她只是告诉娜塔莉娅她们要和索菲以及她的妈妈到公园玩。

娜塔莉娅的反应有些矜持,和嘉琳娜预期的一样。随着星期六越来越近,娜塔莉娅似乎变得愈加紧张和暴躁了。星期四晚上睡觉前,当她找不到她最心爱的填充动物一起睡觉时,她突然大哭了起来。娜塔莉娅抱着膝盖蜷缩成一团,嘉琳娜问她是不是担心去公园和索菲玩的事。娜塔莉娅点点头,俩人一言不发地一起坐了几分钟。最后,娜塔莉娅说:"索菲不喜欢我。没有哪个孩子喜欢我。"嘉琳娜回答说,她看得出来娜塔莉娅担心没人喜欢她。"我打赌这让你在学校里感到很孤独。"然后,她问索菲在课间休息时玩哪种游戏。娜塔莉娅描述了她曾看到的索菲和其他孩子玩的假扮游戏。嘉琳娜点点头说:"嗯。我认识的一个人也经常假扮是一个超级英雄公主。"娜塔莉娅静静地坐着。嘉琳娜接着说:"我和你已经玩过很多假扮游戏,我知道我们玩得有多开心。你是一个有很多玩游戏的好主意的女孩。我真的相信你和索菲会一起玩得很开心,尽管你现在觉得紧张。我都等不及听你给我讲了。"

在与娜塔莉娅的谈话中,嘉琳娜很认真地对待娜塔莉娅担心的事情。她以共情的话语向娜塔莉娅表达了她理解娜塔莉娅的孤单和孤独感。然后,她谈了娜塔莉娅的游戏技能,而这是只有花时间和娜塔莉娅一起玩过游戏的人才能做到的。最后,她表达了对娜塔莉娅的能力的信心。

到了真正与索菲玩耍的那一天,娜塔莉娅明显非常紧张,并且玩假扮游戏时也没有平时那么投入。嘉琳娜和索菲的妈妈坐在旁边的一张长椅上闲聊,远远地看着她们。在回家的路上,娜塔莉娅说这次玩耍"有点意思"。嘉琳娜告诉娜塔莉娅,说她知道让一个人去做一件让他感到非常紧张的事情有多么难。"可是,你知道吗?"她补充道,"即使你很紧张,但你还是去做了,而且至少看起来你还有一点乐趣。我们还约索菲在公园见面吗?"

"不,"娜塔莉娅说,"她能来咱们家玩吗?"

与你的孩子的错误目的有关的正面管教工具

即便在娜塔莉娅的社会技能明显提高的时候,事情也并不总是那么顺利。正如伊万和嘉琳娜发现的那样,他们所看到的娜塔莉娅的行为并不全是"无辜的"。有些时候,错误目的表对他们还是极其有用的。尽管娜塔莉娅与养父母的关系正变得越来越亲密,但在他们看来,他们有时候仍然发现自己对娜塔莉娅的行为感到很生气,并觉得受到了挑战。在首先寻找她的行为有没有可能是无辜行为之后,他们得出结论,认为这更可能是娜塔莉娅在通过寻求权力这个错误目的来寻求归属感。有一个例子是她经常拒绝做分配给她的家务活，比如在晚餐前摆放餐具。通常，她会拖延，一边看着电视，一边答应着，但却不做。这对于伊万来说尤其艰难。娜塔莉娅的消极拒绝很快会变成两人之间的喊叫比赛，导致娜塔莉娅失去一些特权，比如比塔妮莎晚一点上床睡觉。

当你的特殊需求孩子做出的行为让你感到愤怒、受到挑战或被击败的时候，要查询一下错误目的表。这张表提供了几种工具，能帮助你的孩子以既能促进你与他之间的关系，又让他对家庭有一种贡献感的方式获得归属感和价值感。其中一些工具如下。

让惯例说了算

和孩子一起制定的恰当的日常惯例可以取代很多父母和孩子之间的争斗。一个日常惯例，尤其是孩子帮助制定并张贴出来的惯例，会让你的孩子很难与你长时间地争斗。毕竟，不只是由你在告诉孩子摆放餐具，而是经过一致同意并张贴出来的惯例规定的。

伊万想到了嘉琳娜贴在墙上的分享和交换玩具的图片对娜塔莉娅是多么有效，他等到了下一次家庭会议，并要求帮助他制定下午放学后的一个惯例。在三个孩子的积极参与下，他们达成了一致。这张惯例表上列出了从放学回到家到晚上睡觉之间要做的所有事情，既包括要完成的任务（例如摆放餐具），又包括娱乐活动（例如看电视或游戏时间）。三个女孩都同意她们会定期轮换各项任务，这样就不会有人做自己不喜欢的事情太长时间了。在孩子们的帮助下，伊万将惯例表画在纸板上并挂在了游戏室里。（伊万专门问了娜塔莉娅是否认为哪件事还需要一步步的分解图才会对她更有帮助。）

和善与坚定并行

正如我们在本书其他章节所说的那样，和善与坚定并行是一项非常重要的正面管教技能。在我们的文化中，总的来说，我们通常喜欢事情非此即彼，非黑即白。我们认为这样简化以后，事情就更容易了。然而，当我们花时间研究一个问题时，常常会发现是彼此兼而有之的。和善与坚定就是如此。过度依赖于和善，会导致我们在养育和教孩子时陷于骄纵。过度依赖于坚定，会导致我们在养育和教孩子时陷于刻板。只有和善与坚定并行，我们才能可信地养育或教孩子，或者才是正面管教的思考方式。

即使制定了惯例表，娜塔莉娅也并不总是愿意做自己选择的家务。当她通过拖延或争吵来拒绝完成自己的任务时，伊万会以和善与坚定并行的方式作出回应。如果娜塔莉娅正在看一个电视节目，他会问她惯例表上说现在该做什么（让惯例表说了算）。如果娜塔莉娅开始拖延或者争辩，伊万会说一句共情的话，例如"我能看出来你真的喜欢这个节目。"（和善。）接着，他会站在电视机前面，微笑着指向餐厅，那里的餐桌正等着布置。（坚定。）

应该注意的是，无论是特殊需求孩子还是非特殊需求孩子，他们通常未必总是记着我们的话语中"和善"的部分。我们三个作者都不记得我们自己的孩子或者我们打过交道的孩子跟我们说过（以语言或非语言的形式）："谢谢你这么和善地让我去做摆放餐具这个不受欢迎的事情。"尽管我们对孩子们从长期来看会感激我们和善而关爱的方式这一点并没有完全放弃希望，但是，我们对孩子们在我们采取和善与坚定并行的方式时往往会更合作这一事实感到欣慰。此外，让我们感到鼓舞的是，乔迪·麦克维蒂和艾尔·拜斯特（Al Best）发表的新研究结果支持了我们的信念，他们的研究表明，孩子的社会–情感发展在与那些养育或教育风格既能慈爱地响应又能尊重地提要求的成年人形成的情感关系中会得到极大地促进,这里说的就是和善与坚定并行。

提供有限制的选择

那些错误目的是寻求权力的孩子们,仍然需要权力,正如我们所有的人一样。正是他们那种自己必须拥有无节制的权力才会有归属感和价值感的意识,才是我们必须帮助他们的地方。作为父母和老师,我们很容易在孩子要求不合理的权力时"上钩",并以抓紧我们自己的所有权力作为回应("我是大人!我说什么你就要做什么。")相反,我们必须记住,寻求某种程度的权力就是人的本性。我们可以通过向他们提供有限制的并且与他们的发展程度相适应的选择来帮助他们。

当娜塔莉娅继续寻求过度权力时,嘉琳娜或伊万记住"有限制的选择"这个概念是非常有帮助的。这样,即便娜塔莉娅回避在摆放餐具这件事情上让惯例说了算,伊万也可以通过问她诸如"你想要先摆哪个餐具,盘子还是杯子?"之类的问题让她完成。他发现的另一个提供选择的方法,是在一个大帽子里放入画有不同餐具的图片,让娜塔莉娅选择摆放的顺序。

请求帮助

很奇妙的是,当我们请求孩子们帮助而不是告诉他们必须做什么时,他们常常会变得更合作。这恰好说明了阿德勒多么具有前瞻性,他注意到了做出贡献对于归属感有多么重要。

早上,娜塔莉娅(说实话,也包括她的姐姐和妹妹)往往很磨蹭。她们也都制定了早上的惯例,并且很明显,她们都知道该干什么。但是,让嘉琳娜懊恼的是,姑娘们像在黏糊糊的糖浆里走路一样。当她在早上不得不在一个特定的时间出门送孩子们上学，并赶上预约好的会面时，她有时会恢复"教官模式"。毫不夸张，孩子们没有发现这种方式能激励她们。

有一天，在嘉琳娜上完一节正面管教课程的那个早上，她和女儿坐在一起，说："姑娘们，我今天早上真的需要你们帮助。我需要确保我能准时赴约。你们怎么做才能帮助我呢？"这三个女孩迅速决定了她们需要做的事情并马上做了。直到后来嘉琳娜才注意到，这些正是她们为每周的惯例表选择的任务。

运用家庭会议

家庭会议是能帮助孩子们学习很多在一个民主社会中生活的重要技能的一个正面管教工具。家庭会议传递了每个家庭成员所作贡献的重要性，并且，在此过程中，能促进家庭内部的归属感。有特殊需求孩子的家庭低估归属感的重要性并不是不常见的，尤其是当他们的孩子的疾病使沟通变得困难时。这些家庭也很容易——同样无意地——低估他们的孩子做出有意义的贡献的能力。

正如上面描述的那样，马尔琴科一家为了鼓励娜塔莉娅为改善放学后家庭的日常惯例做出贡献，召开了家庭会议。在此过程中，他们还帮助娜塔莉娅找到了变得有力量的更多有益的方式。

通过家庭会议能学到的其他技能如下：

- 解决问题
- 规划未来
- 等待的能力
- 轮流的能力

- 对待沮丧和失望感
- 理解其他人的看法

本章正面管教工具回顾

1. 花时间教孩子。
2. 通过地板时光与你的孩子建立联结。（相应的正面管教工具是"进入孩子的世界"）。
3. 精心安排能帮助你的孩子培养联结感和能力感的体验。
4. 关注你的孩子的长处。
5. 对孩子有信心，并运用鼓励帮助你的孩子尽最大努力。
6. 运用共情。
7. 让惯例说了算。
8. 和善与坚定并行。
9. 提供有限制的选择。
10. 请求帮助。
11. 运用家庭会议。

第 *10* 章

戴蒙的故事：
关注孩子，而不是关注标签

　　5岁的戴蒙现在由曾外婆抚养。在一个家庭纽带似乎越来越不稳固的年代，戴蒙的这种情形并非不同寻常。戴蒙的妈妈患有发育性障碍，而且很可能是智障（智力残疾）。她仍在父母家里时，就生下了戴蒙，并且不久就搬去了美国另一边，与在网上认识的一个男人住在了一起。戴蒙的外婆身体不好，于是让她的母亲，也就是戴蒙的曾外婆，来帮忙照料他。随着外婆的健康持续恶化，他曾外婆的"帮忙"最终成了收养戴蒙，并承担起抚养他的责任。而戴蒙的妈妈已经两年多没见他了。

　　戴蒙的曾外婆芭芭拉在戴蒙出生后不久便参与照料他。正是她注意到了他的发育似乎滞后。当他八个月大时，由当地一个早期教育干预机构对他进行了第一次评估，结果显示戴蒙不符合接受服务的条件。然而，该机构建议，如果这个家庭仍然担心，可以在戴蒙快3岁时再为他做一次评估。

　　到两岁零十个月大时，戴蒙的发育问题更加明显了。当他想要一个东西时，他不是说话，而是仍然用手指着并用手势表达。一些简单的事情对他来说似乎都很难。他不会搭积木。尽管他不断地受到挫败，但他继续把小块积木放在下面，把大块积木放到上面。脱衣服，甚至是运动裤这种简单的衣物，对他来说也极其复杂。他不会自己使用餐具吃饭，而且很容易感到沮丧。

芭芭拉对戴蒙非常有耐心，一遍又一遍地向他示范怎么做那些似乎超出他能力范围的事情。她说："当他因为做不了一件简单的事情而开始哭时，我的心都要碎了。"芭芭拉养成了预料戴蒙的需要并为他做事情的习惯，以便他不变得那么沮丧。

戴蒙三岁时，发生了两件重要的事情。第一件是他的妈妈达拉回到了当地并想来看他。她惊叹他有那么可爱，但不理解为什么他不会自己穿衣服或自己上厕所。一个周末，芭芭拉难得想休息一下，把戴蒙留给达拉和她妈妈（戴蒙的外婆）照顾。在这个周末，达拉决定戴蒙应该接受如厕训练了。她将戴蒙带进卫生间，并告诉他如果他在便池里小便，她就给他糖果。戴蒙听到糖果这个词时变得非常兴奋，但他没有使用便池。在几次试图用这种方式诱使他使用便池都没有成功后，达拉变得既沮丧又生气。她把他带到便池旁，并告诉他必须坐在马桶上，直到他尿到便池里。戴蒙对达拉坚持让他坐在马桶上不理解，并变得非常害怕。他试图站起来逃走，但达拉将他摁了下来。这种情形发生几次之后，达拉的妈妈出面干预并要求她停止。这时候，甚至连靠近卫生间都让戴蒙非常害怕。

第二件重要的事情是，戴蒙再次接受了评估，而且，这一次他符合了接受早期儿童特殊教育的条件。戴蒙唯一与同龄孩子发育比较接近的方面是大运动能力[1]。而他的认知（思考）能力、接收和表达语言的能力、精细运动能力和日常生活能力（比如自己穿衣服、自己吃饭）的发展都明显落后于其他同龄的孩子。这个机构没有用测试来评估戴蒙的智力，然而，据推测他很可能属于范围较广泛的智力落后（智力残疾[2]）。

此时，达拉回到了美国的另一边去过自己的生活，而戴蒙则入读了由早期儿童特殊教育机构设立的技能发展小组。一开始，这种体验对戴蒙来说是非常积极的。他喜欢身边有其他孩子，这是他以前住在乡村地区从未有过的经历。随着他开始能将三四个短语和句子组合在一起，他的沟通能力也增强了。在某种程度上，他能让老师知道他做了什么和不想做什么，并能在两个选项中做出简单的选择了。

同时，一些相对简单的事情，比如脱下外套或把外套放进他的小柜子，对于戴蒙来说仍然很困难。他在学校里开始最经常使用的一个短语是"你做"。似乎无论什么时候要求戴蒙尝试一件事情时，他都会用"你做"作为回答。戴蒙的老师将任务分解为

---

[1] Gross motor skills，大运动能力，一般指大的运动，通常会用到胳膊、腿以及躯干做运动。大运动技能需要身体上那些能让我们完成诸如走路、踢、坐直、举东西和扔球等功能的大肌肉的参与。一个人的大运动技能依靠肌肉张力和力量。肌肉张力低下是许多残疾疾病，比如唐氏综合症、中枢神经系统疾病等的特征之一。大运动技能还需要运动规划，也就是说，全盘考虑并执行一个运动计划的能力。运动规划能力低的人可能有力气和肌肉张力来完成一些动作，例如爬梯子，但是可能没有能力将他们的手和脚按照正确的顺序放在正确的位置上，来安全、成功地爬到梯子顶端。——译者注

[2] Intelectual disability，智力残疾，中国大陆对智力有缺陷者的一种称谓。2006年全国残疾人抽样调查中提出的定义为：智力明显低于一般人水平，并伴有适应行为的障碍。由于神经系统机构、功能发育障碍，使个体活动和参与受到限制，需要环境提供全面、广泛、有限和间歇的支持。包括在智力发育期间（18岁之前），由于各种有害因素导致的精神发育不全或智力迟滞；或者智力发育成熟以后，由于各种有害因素导致智力损害或智力明显衰退。产生的原因多种多样。根据个体障碍程度的不同可分为四个等级。——译者注

更小的步骤的努力，遇到的是戴蒙的哭泣和坚定的拒绝，以及随之而来的："不，你做！"

戴蒙在与孩子们的玩耍中变得越来越粗暴了。虽然他似乎不是在试图伤害任何一个孩子，但戴蒙在跑、跳、攀爬方面发展相对良好的技能，加上他似乎对自己行为的后果缺乏理解能力，导致几个孩子受到了伤害。在沮丧中，戴蒙的老师凯茜不得不在他伤害别的孩子时对他使用惩罚性的暂停。戴蒙总是显得很后悔，但伤害别人的行为则继续着。

此外，凯茜变得很泄气，因为她发觉芭芭拉在家里很"溺爱"戴蒙，没有对他的大运动游戏设立界限。她还觉得自己帮助戴蒙变得更加独立（通过学习自己穿外套或者自己上厕所）的努力，正遭到芭芭拉的破坏，因为芭芭拉强调戴蒙仍然遭受着用便池的心理创伤，并且总是太快地介入并为戴蒙做事情。

在芭芭拉看来，她相信戴蒙在班里完全就是受惩罚（被暂停）。她告诉老师，戴蒙只被告诉过不要做什么，而没有被教给过要做什么。她相信老师没有给戴蒙足够的帮助，并且相信，鉴于戴蒙明显的能力局限，让他努力完成超出自己能力水平的事情是残酷的。最后，她指出戴蒙开始抗拒去学校了，还说他不喜欢学校。

经过双方同意，一名精通正面管教的咨询师被请来对戴蒙进行观察，与芭芭拉和凯茜都进行了交谈，以确定她能否帮助她们两个人为戴蒙的最大利益而一起努力。她最先提出的几件事情之一，就是建议芭芭拉和凯茜去参加特殊需求孩子的正面管教班，以便理解她们将要学习的那些技能背后的基本原理。

芭芭拉在当初听到戴蒙的评估结果显示他很可能智力落后时，她对他的能力就做出了某些假设。毕竟，她是第一个发现他的发育有多么滞后的人。"智力落后"这个标签只是证实了芭芭拉既相信又担心的事情。她相信戴蒙应该免受挫折，并且相信他需要那种有些人会称之为"溺爱"的帮助,她感到这是正当的。

在特殊教育和医学领域,标签是被用来给有障碍的孩子(和成年人)进行归类的。理论上,一个标签给出了一个"大致范围",让父母和老师们能够开始更好地理解他们的孩子的需求。大致范围是为了界定一种概况。因而,当我们说一个孩子智力落后时,是说他有一系列患有这种疾病的孩子的普遍特征。

在这个大致范围内,将我们的每个孩子作为一个个体来理解是我们的责任;所有智力落后的孩子看上去或他们的行为不会都一样。正像其他孩子一样,这些孩子也会解释自己的生活经历,并且对他们必须怎么做才能获得归属感和价值感做出决定。他们在这样做时使用的工具是不同的,并且或许更有限,但是,尽管如此,这个过程是会发生的。

在过去的一两代人的时间里,我们的文化在理解特殊需求方面经历了一个巨大变化。特殊需求的孩子被排除在学校或看护机构之外的时代已经一去不复返了。尽管还没有被彻底根除,但伴随着很多疾病的污名也已经极大地减少了。但是,即使没有了污名,暗中的歧视仍在。

当我们混淆了大致范围和其中的孩子时会发生什么呢?一个后果就是美国前总统乔治·W.布什说过的"低期望值的软偏见"。当听到戴蒙智力落后时,芭芭拉脑海中立即闪现了这个标签对戴蒙可能意味着什么的大致范围。在此过程中,她接受了戴蒙患病的事实,但也让这个事实挡住了她的视线,看不到戴蒙的潜能。

> 在这个大致范围内,将我们的每个孩子作为一个个体来理解是我们的责任;所有智力落后的孩子看上去或他们的行为不会都一样。正像其他孩子一样,这些孩子也会解释自己的生活经历,并且对他们必须怎么做才能获得归属感和价值感做出决定。

一起参加特殊需求孩子的正面管教课程对芭芭拉和戴蒙的老师凯茜来说,都是一次收获颇丰的经历。她们都意识到两人在帮助戴蒙的问题上，一直在背道而驰。当芭芭拉了解到"无辜行为"的概念时，她首先想到的是，她给戴蒙提供他看上去需要的"帮助"一直都是正确的。毕竟，是他可能患有的智力滞后才让他学东西这么困难。当凯茜了解到"错误目的"这个概念时，她首先想到的是，她让戴蒙对他自己的行为负责一直都是正确的。然而，在上课的过程中，她们双方都认识到，她们两个人都是正确的，并且她们都需要用到对方的思考方式，才能尽最大努力帮助戴蒙。

尤其是在如厕训练事件之后，芭芭拉对戴蒙多么容易因为无法理解而变得不知所措和沮丧很敏感。在她看来，为让戴蒙感觉好起来，他自然需要得到格外和善的对待。而且，当她看到戴蒙的挣扎和痛苦时，她真的心都碎了。

在课堂上，芭芭拉了解了和善与坚定并行的概念。当她开始理解以牺牲坚定为代价的过度和善会导致娇纵时，她明白了避免戴蒙必须努力才能完成某些情形并不总是有益的。她理解了

> 艰难有助于孩子发展他们的"能力肌肉"。

艰难有助于孩子发展他们的"能力肌肉"。她和凯茜、戴蒙一起制做了一套图片，用图画说明了穿不同衣物的过程。她还花时间主动教给戴蒙每一个步骤。这次的不同之处在于，她现在相信他学习的能力，即使他学习的速度比较慢。

有一天，芭芭拉来学校接戴蒙放学，当戴蒙没穿外套就开始走出门口时，她指着他的外套说："戴蒙，先穿上你的外套。"戴蒙很愉快地走向他的小柜子，拿起他的外套，穿了一次但没穿上，然后，他将外套递给芭芭拉，说："你做。"芭芭拉注意到了老师的目光，她指着第一张图片（挂在戴蒙的柜子上），问道："你应该先做什么？"（这是运用启发式问题帮助孩子们学会解决问题的好例子。）戴蒙看看图片，将他的左胳膊伸进了袖子。芭芭拉说："你做到了！

接下来呢？"戴蒙很快尝试了两次将右胳膊伸进袖子，但没成功，他开始哭了起来。"你做！你做！"芭芭拉用一句共情的话说："你的胳膊伸不进袖子里，你感到很沮丧。"随后就跟了一句鼓励的话说："你再试试，我会在这里等着你。我知道你能做到。"她把这些话又重复了两次，然后，戴蒙把自己的右胳膊伸进了袖子。立刻，他的脸上满是喜悦，并大喊道："我做到了！"

关注你的孩子，而不是关注标签的正面管教工具

戴蒙是个幸运的男孩，尽管他自己没有意识到这个事实。他是幸运的，因为他的曾外婆芭芭拉学到了极为重要的一课。她知道了，大致范围（即智力落后）并不能完全定义戴蒙。是的，它表明他会有一些局限，并且需要一些必要的包容。但是，这不意味着他不能学习，或不能归属并有自我价值感。加利·兰德雷斯（Garry Landreth），一位获过大奖的游戏治疗师和心灵导师，曾经用一句美妙的话概括了我们需要超越孩子们的障碍来看问题。在《游戏治疗：人际关系的艺术》中，他提醒我们："要关注甜甜圈，而不是关注它的洞。"

以下两点将会帮助父母和老师们关注甜甜圈：

- 帮助其他家庭成员、服务提供者和同事转变他们对你的孩子或学生们的低期望。
- 照顾好你自己。

帮助其他人转变对你的孩子们的低期望

特殊需求孩子的父母们，以及在较小的程度上，这些孩子的

老师们，在这一点上会有双重压力。正如我们在芭芭拉的例子中所看到的那样，既要接受他们的孩子患有疾病这个事实，还要保持看到他们孩子的潜能的能力，对于父母们来说可能是困难的，并且可能需要一些时间。然而，即使做到了这一点，他们的工作也还没完成。那些在孩子的生活中会起到重要作用的其他人可能需要帮助，才能全面地看待孩子，而不是仅从他们的残疾这个角度来看。父母们还需要成为自己孩子经历艰难的权利的拥护者。（这并不是说他们不需要为自己的孩子得到合理的便利而辩护。）

> 父母们还需要成为自己孩子经历艰难的权利的拥护者。

在家里和教室里，让事情顺利地进行，以便整个班级的学习计划能在不受不必要干扰的情况下顺利开展或者全家人可以快点出门，常常是一个不言而喻的目标。这并不是一个没有价值的目标。因为我们是在群体环境中教孩子的，而且因为家庭这个群体有合理的需求，所以，孩子们在群体（班级或家庭）环境中学习就具有了某种紧迫性，即使有些孩子可能会很艰难。在任何群体情形中，甚至是在法律提醒我们注意每个孩子的个性化教育计划[1]的独立的特殊教育班级里，在整个群体的需求和组成这个群

---

[1] Individualized Education Plan, IEP，即个性化教育计划。美国《残疾人教育法》（Individuals with Disabilities Education Act ,IDEA）规定每一个特殊儿童项目（Exceptional Children's(EC)program）注册的残疾学生都有一个个性化教育计划（Individualized Education Plan, IEP）。个性化教育计划描述了在适应学生的残疾的同时，学校计划如何教育每一个特殊儿童项目中的学生。一个学生的个性化教育计划要写成书面文件并被至少一位普通教育老师、至少一位特殊教育老师、一位当地教育机构的代表、该学生的父母（至少一位）以及有时候这个学生见证。该计划内容具体包括：1、学生将获得的服务。（例如，在办公室接受每周一次，每次30分钟的咨询）2、学生需要对课程或考试的修改。（例如，优先的座位、一个文字处理器或在单独一间房间考试）3、学生是否需要替代评估。4、学生将参加哪个普通教育班。5、学生在每个在校日与普通学生在一起多长时间。该计划每年都必须被审核并更新。该计划是保密文件，一份留在学生档案中，一份由父母保存。——译者注

体的单个孩子的需求之间也存在永恒的矛盾。

因而，就出现了一种倾向——尽管相关的每个人都出于最良好的意愿，但为了让自己所在的群体（家庭或班级）进展顺利，他们为特殊需求孩子做的事情会超出对他好的范围。想想蛹里面的毛毛虫。正是破茧而出时的挣扎，增强了变成蝴蝶翅膀的肌肉。没有这种挣扎，蝴蝶的潜力就无法实现。让我们再强调一次，我们不是在提倡不给特殊需求的孩子提供他们需要的支持。在为他们的特殊需求提供便利和鼓励他们力所能及之间必须找到平衡。

> 想想蛹里面的毛毛虫。正是破茧而出时的挣扎，增强了变成蝴蝶翅膀的肌肉。没有这种挣扎，蝴蝶的潜力就无法实现。

由于戴蒙的母亲达拉的如厕训练对他造成了那么大的影响，芭芭拉不愿意将戴蒙交给任何人照顾。然而，不久之后，她确实遇到了一位也住在这个乡村社区的年轻妈妈。她有一个和戴蒙同龄的儿子，并和戴蒙上同一所社区幼儿园。这两个女人建立了友谊，并且开始去彼此家里聊天，让两个小男孩一起玩。芭芭拉注意到，在戴蒙看到他的新朋友玩一个玩具后，他经常会抢这个玩具；似乎他是想尝试做他刚刚看到过的事情。那个男孩毫不意外地很不喜欢戴蒙这样，并且会对戴蒙大叫，要他把玩具还回来。起初，那个男孩的妈妈试图让儿子玩别的玩具，她说："没关系。戴蒙还不知道如何分享。就让他玩那个玩具吧，好吗？"

芭芭拉由此看到了未来，并看到人们怀着最善良的愿望体谅戴蒙。（在此我们应该注意到，体谅与提供便利是不一样的。体谅常常会造成娇纵，并实际上阻碍学习。提供便利是一套帮助一个特殊需求的孩子学习那些对其他孩子来说可能较容易掌握的技能的方法；提供便利造就公平的环境，以便让孩子们学习。）她看到了这会让戴蒙受到怎样的局限。这增强了她对正面管教养育课堂上所学知识的理解。她对这位年轻妈妈的善意表达了感激，

并说："我正在学习怎样帮助戴蒙请求轮流玩玩具。"她从手包里拿出了一个挂着几张小图片的圆环（见图6）。其中一张图片是一个孩子请求另一个孩子轮流玩玩具。吸引了戴蒙的注意后，她给他看这张图片。戴蒙的眼里闪耀着认同的光，并且说："我想轮流玩。"

照顾好你自己

图 6. 解决问题的便携图片

在民用航线上，任何一架航班起飞时，空乘人员会做一系列的安全说明，其中之一与机舱内的压力骤降有关。我们会被告知，如果机舱内压力骤降，氧气面罩会自动掉下来。然后，会教给我们在试图帮助我们的孩子带上氧气面罩之前，先戴上我们自己的。其含意是，如果不先照顾好自己，我们就无法帮助我们的孩子。

这也是非常好的养育建议。然而，许多父母却背道而驰；我们习惯于把自己孩子的需要放在第一位。父母们太容易把所有精力都用在养育孩子的事情上，以至于他们会发现自己的内在资源不断减少。空乘人员的忠告在这里也非常适用：如果父母们无法满足自己的基本需要，他们就无力满足自己的孩子的需要。正是在像这样的时刻，我们发现自己最容易"掀开盖子"。

对于特殊需求孩子的父母们来说，情况更是如此。正如我们已经看到的那样，需要马上处理的事情会多得让人不知

> 我们习惯于把自己孩子的需要放在第一位。父母们太容易把所有精力都用在养育孩子的事情上，以至于他们会发现自己的内在资源不断减少。空乘人员的忠告在这里也非常适用：如果父母们无法满足自己的基本需要，他们就无力满足自己的孩子的需要。正是在像这样的时刻，我们发现自己最容易"掀开盖子"。

所措,再加上经常笼罩着一切的内疚感,事情会变得很严重。那么,你怎样照顾你自己呢?

在我们的课堂上,我们会花时间帮助父母们自己回答这些问题。我们发现,怎样照顾好你自己这个问题实际上是两个问题:当你的孩子对你大喊大叫而你马上就要难以承受的时候,你怎样照顾自己?以及,你平时怎样照顾自己,以便那种压力时刻出现得少一些?有时候,想想你做的汽车保养会有帮助。当汽车在马路上发生故障时,你不得不立即做些事情来让它重新发动。另一方面,定期做保养会让汽车在马路上不大可能发生故障。

这些年,在我们的课堂上,父母和老师们列出了他们在感到难以承受的时刻所能够做的事情。这个清单通常包括但不限于以下内容:

· 深呼吸。研究发现,深呼吸实际上能够降低皮质醇——也就是我们大脑中的压力荷尔蒙——的水平。事实上,如果你站着,双手交握放在背后,你的身体会自动地呈现出做"腹式呼吸"的正确姿势。

· 走开,即使只是片刻。大脑研究清楚地告诉我们,盛怒的时刻不是最有效地解决问题的时候。在这种时候,我们的大脑处于"战斗或逃跑"模式。通过走开,我们也为自己的孩子做出了如何冷静下来的榜样。

· 运用幽默和/或做出乎意料的事情。有一次,戴蒙朝芭芭拉大喊,想让她给他用积木搭一个建筑,而她认为他自己能做到。共情的话语没有帮助,而她也不能走开,因为他一直跟着她。于是,她拿起放在架子上的一个旧牛颈铃,摇响铃铛,并大喊道:"女士们,先生们,这一轮结束了!一定要继续看戴蒙努力再搭一次积木塔!"戴蒙突然大笑起来,说:"外婆,你真好笑。"

· 慢慢地数到10。这是看上去像是无稽之谈的久已有之的解决方法。然而，这个方法可以非常有效地帮助你更平静地做出一个决定。

• 交换，如果这对你来说是一个选择的话。有时候，换一个人处理就足以让情况平静下来一些。有一对夫妇说，他们提前达成一致，当他们中的一个人"发火"时，另一个人可以介入。由于他们已经提前达成了一致，当两人中的一个介入时（以便发火的人可以休息一下），另一个人会感激地接受，而不是觉得受到了冒犯。

• 跟自己说话。要提醒自己想想你学过的东西。例如，芭芭拉经常提醒自己，经历艰难对于戴蒙来说不是一件坏事。她发现，这帮助她抗拒住了对他可怜的哭泣让步。

随着时间的推移，父母们列出了类似的照顾自己的清单。这些清单通常包括但不限于以下内容：

• 运动。散步，骑自行车，做任何让你动起来的事情。
• 在花园里干活。
• 阅读。阅读本身就可以让人放松。此外，一些父母提到了参加读书小组，作为一种既可以阅读，又有时间和其他成年人相处的方式。
• 听音乐。
• 加入一个支持小组。几乎每一种特殊需求都有活跃的支持小组。
• 花时间和朋友在一起。
• 和你的伴侣共度非养育时间。
• 尤其如果你是一个单亲父母的话，要找到你可以信任的人照看孩子，以便你能休息一下。这可以扩大至家人或朋友。在一些社区，还有公立或非营利机构提供"短期照料"服务。（由于各个层次都削减了预算,让这个服务更难找到了。)

上面第二个清单中的项目需要计划和坚持。俄勒冈州波特兰市的职业咨询师和培训师葛瑞格·克若斯比(Greg Crosby)教给了我们一件对任何人来说都不会奇怪的事情:娱乐性活动,即那种能给你建立"情感储备"的活动,没有计划是不会发生的。我们都曾经对自己说过诸如"我真的应该多出去走走"之类的话。芭芭拉发现,对她来说,关键是要制定一个具体的计划。"星期六,安妮会帮我照顾戴蒙三个小时。我要带着我的狗在树林里散步很长时间。"

> 娱乐性活动,也就是可以给你增加"情感储备"的活动,是需要有计划的。

与孩子的错误目的相关的正面管教工具

当芭芭拉在家里改变着自己以前认为对戴蒙有帮助的养育方式时,他的老师凯茜在幼儿园也经历着同样的改变。尽管她以前对芭芭拉在家里骄纵戴蒙的看法是对的,但她也开始明白,她由于沮丧而对戴蒙做出的更具惩罚性的回应也是没有帮助的。

芭芭拉和凯茜一起参加正面管教课程的一个更令人愉快的结果,是她们越来越能结合两个人的优势并共同努力,而不再觉得对方好像是错的。结果,她们相互帮助对方看到了戴蒙长期受到骄纵的一个结果,是他已经变得非常习惯于获得大人的过度关注,并且习惯于在心情不好时让大人为他做事。

凯茜特别注意到,她以前经常对戴蒙的行为感到恼怒或生气,偶尔还会担心(和内疚)自己在戴蒙似乎艰难地努力时,没有给他提供足够的帮助。她问自己的第一个问题是:她看到的戴蒙的行为是不是"无辜行为",也就是说,完全是他严重的认知能力不足造成的。为有助于自己回答这个问题,她回忆了戴蒙那次不想穿外套时对芭芭拉是如何反应的。她和芭芭拉当时一起用心地为戴蒙制作了一套图片,并教给了他所有的步骤。而且,她看到戴蒙为记住这些步骤而多次使用这些图片。她得出了结论,现在当戴蒙抱怨做一件相似的事情,并要求凯茜为他做时,她的感受指向的是他的错误目的而不是无辜行为。

浏览了错误目的表之后,凯茜发现她的感受(恼怒、生气、担心和内疚)表明戴蒙的错误目的是寻求过度关注,更具体地说是寻求特殊服侍,一种特殊的过度关注。既然如此,戴蒙的信念就是"唯有得到特别关注或得到特别服侍时,我才有归属感。唯有让你们为我团团转时,我才是重要的"。(当然,戴蒙行为背后的这种信念是他意识不到的。)

当你确定你的特殊需求孩子或学生做出的行为不是他的疾病的产物,并且给你的感受跟凯茜的一样时,要考虑以下这些工具。

在培养新技能的时候,允许感到失望和沮丧

如果你回想一下自己任何一次学习一项新技能的情况,这个过程很可能并不顺利。大多数技能都需要一些时间学习,甚至花更长时间才能掌握。在这个过程中,我们经常会因为不像期望的那么快掌握这项技能而感到沮丧或失望。这些感受是这个过程的一部分。没有这些感受,我们几乎永远无法实现独立或获得能力。阿尔弗雷德·阿德勒说过,我们要克服这些"自卑"感的动力,是使我们之所以成为人类的一部分,并产生一种不断

> 大多数技能都需要一些时间学习,甚至花更长时间才能掌握。在这个过程中,我们经常会因为不像期望的那么快掌握这项技能而感到沮丧或失望。这些感受是这个过程的一部分。

改善的动力。

当戴蒙刚进入技能发展小组时，他明显不知道如何请求轮流玩玩具或使用设备。此外，他已经习惯了想要什么别人就给他什么。凯茜为戴蒙做了一套说明如何请求轮流玩的图片。她还经常给他语言提示（例如，"戴蒙，要记得询问你是否能轮流玩）。一开始，往往在凯茜还没来得及阻止之前，戴蒙就先抢走玩具或推别人，然后才问这个问题。这时，凯茜就给戴蒙看那些图片，并练习如何请求轮流玩。然而，通常情况下，尤其是如果戴蒙刚刚打或推了另一个孩子时，那个孩子会在戴蒙请求轮流玩时说不。凯茜随后会对戴蒙的失望表达共情，但她不会去改变这个结果。

教给孩子解决问题的技能

当孩子们做出旨在让我们不断地介入或让我们为他们做事情的行为时，常常是因为他们对自己独立解决一个问题没有信心。寻求过度关注或特殊服侍会让他们无法竭尽所能地学习看上去太困难的任务。

正如上面提到的，入学之初，戴蒙就开始在其他孩子中出名了。他经常撞倒他们或从他们手中抢走东西，以至于在他开始掌握玩玩具或使用设备前先询问这个技能时，其他孩子仍然经常拒绝他。这时，凯茜开始教给戴蒙"谈判的艺术"。当另一个孩子对戴蒙说"不"时，凯茜教给他问："什么时候可以轮到我？"（全班的孩子也在学习这个技能。）然后，凯茜会帮助两个孩子就几分钟达成一致，并问他们是否想设置一个计时器，以便他们能知道每一轮什么时候结束。

我们在这里应该强调的是，在这个过程中，孩子们是否理解这个数字或时间并不一定很重要。（凯茜说过一个例子，有一次，戴蒙问另一个孩子还有多少分钟轮到自己，那个孩子告诉戴蒙"两分钟"。本着信守谈判结果的精神,戴蒙争辩说:"不,三分钟。")这里所教的技能是相互迁就。如果孩子理解数字,只是锦上添花的事。

提供特别时光

关于过度关注,要记住的一件重要事情是,有问题的是"过度",而所有的孩子们都需要关注。提供定期的、有保证的游戏时间是帮助孩子们学会通过自己玩来度过其他时间的一种方式。

戴蒙从其以前的生活中学到的事情之一,就是他有权力在自己想要的任何时候得到芭芭拉的大量关注。他还相信,即便他得到了芭芭拉的全身心的关注,为他做那些他相信自己无法独立完成的所有事情也是她的责任。这当然是一个让芭芭拉筋疲力尽的责任。参加了正面管教课程后,芭芭拉认识到了这种过度关注如何阻碍了戴蒙的发展。她开始了在戴蒙不去学校的日子里每天和戴蒙共度几次短时间的"特别时光"。在这些时刻,她专注地和戴蒙玩他想玩的游戏。

同时,芭芭拉制作了一块选择板,上面列出了一些她知道戴蒙真的喜欢玩并且相信没有她的陪伴他也能自己玩的游戏。上面包括了代表汽车、积木、恐龙的图片以及戴蒙最喜欢的另外一些游戏。

一开始,虽然戴蒙很喜欢特别时光,但他不太理解为什么不能所有的时间都像这样。当一段特别时光结束时,他很不高兴。芭芭拉对他的失望表达共情,但会坚持自己的计划。她告诉戴蒙,她真的期待他们的下一次特别时光,而现在她要去做家务或去看一本杂志了。她会给他看选择板,并鼓励他从中选择一项活动。

一开始,这个过程并不顺利,但芭芭拉坚持了下来,既不与戴蒙争吵,也不向他妥协。她允许他有自己的感受,并相信他可以处理这些感受。渐渐地，戴蒙发现他确实可以自己一个人玩，并且玩得很开心。

提供做出贡献的机会

当任何一个孩子，无论有没有特殊需求，正在寻求过度关注时，换一件事情做会有帮助。不要陷入其中并因为感到恼怒或生气而做出反应，而要通过让你的孩子或学生去做一件有意义的事情来转移其行为。这会让他以对社会有益的方式得到关注。

在教室里，戴蒙经常在大运动游戏中受到过度刺激，在兴高采烈中，会将较小的孩子打倒在地。凯茜没有继续关注她曾经跟戴蒙一再谈论过的行为，相反，她用胳膊搂住他的肩膀，并让他跟她一起去帮忙把橡皮泥玩具拿出来。这样做一举两得，既能将戴蒙的注意力从让他过度兴奋的游戏中转移开，又能让他为整个群体作出贡献。这时，大家可以做一个好玩的新活动了，凯茜知道这也是戴蒙最喜欢的一个活动。

运用鼓励

当那些寻求过度关注或特殊服侍的孩子们学习新方式来获得对社会有益的关注，或者更自主地发挥作用时，说鼓励的话，而不是赞扬，对他们是有帮助的。鼓励，除了很多其他好处之外，传递给孩子的信息是，他们得到了关注和感激，并且他们做的事情很重要。赞扬通常是奖励一件完成的事情，而鼓励强调的是努力和贡献（见附录"赞扬与鼓励"）。

芭芭拉和凯茜都成了给戴蒙鼓励的大师。在家里，芭芭拉会这样告诉戴蒙："我真的很感激你今晚帮助我布置餐桌，这让我轻松多了。"在学校，凯茜也很重视鼓励，尤其是当戴蒙坚持做一件受到挫折的事情时。有一次，当戴蒙真的很想轮流玩一辆红色三轮车时，他的同学拒绝回答他的"多少分钟"轮到他玩的问题。戴蒙紧跟着那个孩子，反复说："你必须说两分钟还是三分钟！"凯茜给了他一个大大的拥抱，并且说："你真的在努力让柯林回答你的问题！"

戴蒙的能力和自信不断增长。芭芭拉和凯茜也一样。她们两个人都没有变得完美（我们没有人是完美的），但她们两个都开始从自己的错误中学习，并关注孩子本身，而不是关注孩子身上的标签。

本章正面管教工具回顾

1. 和善与坚定并行。
2. 花时间教孩子。
3. 问启发式问题。
4. 运用共情。
5. 鼓励。
6. 帮助其他人转变他们对你的孩子的低期望。
7. 照顾好你自己。
8. 在培养新技能的时候，允许感到失望和沮丧。
9. 教给孩子解决问题的技能。
10. 提供特别时光。
11. 提供做出贡献的机会。

第 11 章

兰斯的故事：
通过互动激励你的孩子

　　5 岁的兰斯在很小的时候就被诊断出患有严重的听力损失[①]。兰斯 3 岁时，当地的早期儿童特殊教育团队对他进行的综合评估确定，除了听觉障碍[②]以外，兰斯在几个重要的能力发展方面都发育迟缓：沟通，社会/情感功能[③]以及日常生活技能。兰斯符合得到早期儿童特殊教育服务的条件，再加上他以前在社区幼儿园的失败经历，让他的父母和教育部门决定在他上学前班之前，

---

　　① Hearing loss, 听力损失。听觉器官不能感受到正常水平的声音强度的一种状态。（1）两耳任一频率的听阈等于或大于 30Db(HL)（2）听力损失平均值的简称。听力损失是多角度的问题，分类时应以损失的程度、开始损失的年龄、造成损失的病因等因素综合起来加以区别。——译者注

　　② Hearing impairment, 听觉障碍。因听分析器病变或损伤，导致听力减退或丧失的状态。尽管世界卫生组织（WHO）1980 年对疾病后果所做的分类中，对"残疾（disability）"和"障碍（handicap）"提出了不同的解释，但在中国大陆特殊教育界，"听力残疾"与"听力障碍"常作同义词使用。——译者注

　　③ 是根据对痛苦、幸福以及同伴关系质量的总体感受来定义的。——译者注

先进入一所为他这个年龄的孩子设立的得到大量支持的早期儿童特殊教育幼儿园。

　　在进入新学校的头几个星期里,兰斯明显更喜欢在自由选择的活动中自己玩,无论是在教室内还是在室外。他坚决拒绝参加其他所有的活动:圆圈时间(包括唱歌和讲故事)、点心时间、艺术时间和游戏时间。兰斯用非语言的沟通方式表达他对提议的活动的拒绝。他会转过脸去,不理会提这个活动的人,或者干脆从这个人身边走开。有时候,他还会把这个人推开。要想轻轻地牵着他的手,领着他在教室里或室外从一个地方走到另一个地方,通常会导致以下一个或所有的结果——拼命挣扎、猛地倒在地板上或地面上、尖叫以及飞奔而逃。

　　兰斯的多学科教育团队在教育有严重的沟通和行为问题的孩子方面拥有丰富的经验。尽管他们都接受过特殊教育重要的行为管理技巧培训,以及教育有听力损失及发育迟缓孩子的备受赞同的方法的培训,但他们很艰难。在兰斯入学的头几个星期,他的团队找不到有效的办法来鼓励他参加任何他的偏爱之外的活动。在教给兰斯必要的新技能时,他的团队遇到的更大的挑战是,即便他们让他参加了由他挑选的活动,他通常也不接受指导或建议(通过任何沟通方式:语言、手势或图画)。在他开始和他的指导老师一起参加一个活动的那些罕见情形中,当指导老师对他的参与给予积极的反馈时,他不仅会停止参与,而且常常会退出活动(推开作为互动的一部分的玩具,把他的身体转向一边,并走开)。

　　兰斯的团队认真考虑了听力损伤对他的沟通和社会能力发育迟缓的影响。然而,通过兰斯一再拒绝在任何形式的共同活动中——甚至在他非常感兴趣的活动中——与他们互动,他们清楚地认识到,他明确而断然地决定不让他们当中任何一个人教他。他的团队在这一学年遇到的挑战不止是在改变兰斯的行为方面,也就是说，以参与和合作的行为代替他的很多抵制行为。他们的更大挑战是理解并帮助他改变那些让他决定如何行为的信念。兰斯的老师最近参加了一期正面管教研讨班，决定通过这个角度来理解兰斯，并想办法帮助他做出能增进他向别人学习的选择的办法。

在正面管教中，我们承认一种特殊障碍疾病给一个孩子造成的潜在限制，以及这个孩子可能会面临的相应的学习挑战。然而，我们更加关注的是，如何激励有特殊需求的孩子们将自己视为家庭和群体中有联结、有能力、有爱心并能做出贡献的一员，尽管他们存在某些或某一种障碍。我们尽可能鼓励父母们和教育工作者运用正面管教工具，来帮助将孩子们的错误目的行为改变成更负责并更为社会所接受的行为，我们这种努力的基础是将这些能帮助孩子以对社会有益的方式做出决定——这最终会让他们有真正的归属感和价值感——的工具，教给父母们和教育工作者。

> 我们这种努力的基础是将这些能帮助孩子以对社会有益的方式做出决定——这最终会让他们有真正的归属感和价值感——的工具，教给父母们和教育工作者。

在兰斯的例子里，激励他做出多在群体环境中学习的决定，不是一件小事情。他退出的方法让他的老师很担忧，尤其是当他变得对别人有攻击性时。兰斯的团队决定尝试正面管教的方法，他的老师相信这对于理解他抗拒社会参与[①]的原因以及帮助他将与别人建立关系作为一种有意义的学习背景来接受是有价值的。

由于兰斯对他们从多年综合训练中学到的方法做出了负面的回应，他的团队受到了跳出这些方法的"窠臼"进行思考的挑战。

---

① Social engagement, 又称 social involvement, social participation, 社会参与，是指一个人参与群体或社会的程度。——译者注

例如，他很快就能注意到团队成员"操纵偶发事件"（即在他的某个行为之前或之后发生的事情）的任何努力，并且他会找到办法避开为引诱他而安排的积极行为后果（"奖励"）。另外，当这个团队尝试不同的方法帮助他理解听觉和视觉信息时，他也不做回应。

兰斯的团队终于明白了正面管教为他们回应兰斯的挑战提供了两个重要的经验。第一，给了他们一个关注自己与兰斯这类孩子打交道时的行为方式的机会。具体而言，他们了解到了一种**可信任的相处方式**（authoritative style of engagement）。这种方式既不专制，也不娇纵。它是相互尊重的，鼓励孩子的合作，并支持孩子学习自我管理（与大人"管理"孩子相反）的能力。兰斯的指导老师们认识到，与一种可信任的相处方式相关的行为，正是他们想让兰斯发展的行为。兰斯的老师们想知道：如果兰斯能够看到并体验到来自于一种可信任的教育方式的尊重和鼓励，他会不会更愿意与自己的老师互动并从老师那里学习呢？

第二，正面管教为兰斯团队中的成员提供了一个框架，帮助他们透过一个孩子的行为，即越过表面上显而易见的前因后果，看到其行为背后的错误信念。以他们对兰斯的错误目的的推测为基础，这个团队就能够考虑正面管教中的各种积极主动而鼓励性的回应，以大大增强他在与他人互动并从他人那里学习时的归属感和价值感。

当你的孩子表现出的妨碍他与别人建立人际关系的能力以及学习能增强他的能力感的技能的行为，令你困惑不解时，要考虑（1）能帮助你与孩子保持一种可信任的相处方式的正面管教工具，即使是在孩子拒绝从你这里学习的时候；（2）你的孩子的错误目的，以及你可以用来帮助你的孩子通过与他人积极的情感联结和增强技能，增强其归属感和价值感的正面管教相关工具。

通过你的互动来激励你的孩子的正面管教工具

你的孩子会从你如何与他互动中学到很多，即便他的行为使你看上去正相反。如果你的养育或教育方式是可信任的（我们的意思是指和善与坚定并行，以及相互尊重），你很有可能会促进你的孩子的社会性发展。尽管那些发育正常的孩子与那些有认知、沟通、社交和/或感官障碍①的孩子相比，在从自己的经历中学习时遇到的障碍要少，但是，当你使用以下正面管教工具时，你的有特殊需求的孩子仍然会从你的可信任的相处方式中学习。

> 如果你的养育或教育方式是可信任的（我们的意思是指和善与坚定并行，以及相互尊重），你很有可能会促进你的孩子的社会性发展。

- 为孩子做出你希望他运用的互动方式的榜样。
- 要赢得孩子，而不是赢了孩子。
- 运用和善与坚定并行。
- 给你的孩子鼓励。
- 着眼于孩子的长处。
- 以尊重孩子的方式设立界限。

为孩子做出你希望他运用的互动方式的榜样

如果你不在每天与孩子的大量互动中做出榜样，你的孩子怎

---

① Sensory impairment，感官障碍，是指人的视觉、听觉、嗅觉、触觉、味觉以及空间感知之一出现了问题。——译者注

么能学会尊重他人、沟通与倾听、表现出耐心、分享、合作与协商、灵活地解决问题、共情以及对他人表现出关心和同情呢？我们相信，即便是障碍最严重的孩子，也能从他人的正面榜样中学习和成长。如果你想让你的孩子在解决问题时更灵活，就要在你和他的相处中，通过你自己表现出的灵活性，让他看到灵活性是什么"感觉"。如果你想让你的孩子更合作，你就要跟他合作。

> 如果你想让你的孩子在解决问题时更灵活，就要在你和他的相处中，通过你自己表现出的灵活性，让他看到灵活性是什么"感觉"。如果你想让你的孩子更合作，你就要跟他合作。

为孩子做出你想在你的孩子身上看到的互动方式的榜样，可能并不是你用来教给孩子上述重要技能的唯一工具，但这肯定是一个开端，尤其是对那些强烈抗拒向你学习的孩子们来说。再说一次，我们并不是在暗示这是一条容易走的路。面对你的孩子的顽固和拒绝合作，保持合作与灵活性可能会很困难。

或许，在上面列出的行为中，兰斯的指导老师最先需要为他做出榜样的，就是耐心。兰斯参加早期儿童特殊教育的头几个星期，是他需要相当多的一对一支持的时候，他对教职人员的要求以及班级的日程安排的强烈抵制是如此常见，以至于他班的老师们要求不要让他们中的任何一个人专门负责兰斯。他的指导老师们意识到，差不多每个小时都需要离开兰斯"休息一下"，因为和兰斯待在一起的时间越长，他们就会变得越缺少耐心。

除了耐心之外，兰斯的指导老师在与他的互动中表现出了他们希望看到他能形成的很多可取的社会行为。他们通过在他玩耍时看着他，以及当他看他们的时候跟他对视并对他微笑，来表达对他的兴趣和关注。他们用一种和善的语调跟他说话，尽管由于他的听力损失而需要提高他们的音量。他们在与他玩耍时，会与他分享他们手里拿着的玩具，并且在想要兰斯拿着的玩具时与他商量。他们的身体动作对于兰斯来说是明显而可预测的,并且他们会避免对他做出任何可能会被他误解为强制的肢体互动。他们在他伤心或生气时表现出共情,并在他能够接受时以拥抱的方式来给他安慰。他们的希望是,至少在为他作出积极行为的榜样时不招致他的负面行为。进而,通过作出积极行为的榜样,他就有可能会感觉并体验这些行为会是什么样,并开始将积极行为看作是自己行为的榜样。

要赢得孩子,而不是赢了孩子

作为一个特殊需求孩子的父母或老师,你可能会面对的一个风险是倾向于为你的孩子做他能够学会独立或部分独立做的事情。同样,当你的孩子以并非对社会有益的方式行事时,你可能会感觉到要立即通过"使"他停止或"使"他改变行为来承担起责任。你可能会这样做,尽管你期待最终有一天你的孩子不用你的帮助也能停止错误目的行为并负责任地行事。为了帮助你的孩子学会掌管他或她自己的行为的更好的技能,我们建议你要避免试图控制你的孩子,而要专注于赢得孩子的合作。

正面管教中**赢得合作的四个步骤**是:(1)表达出对孩子感受的理解;(2)对孩子的观点表达共情,但这并不意味着你同意他的观点;(3)当你的孩子准备好倾听时,告诉孩子你的感受和看法;以及(4)让你的孩子专注于解决方法。对兰斯来说,由于他的发育迟缓、沟通障碍和有限的社会兴趣,这些步骤要以很简单的方式运用于他。而且,应该注意到,对他说话时要提高音量。视觉信息与能强调口头信息概念的图画形式的词汇和文字符号要同时运用。以下是如何对兰斯使用赢得合作的四个步骤的一个例子。

赢得合作的四个步骤

1. 表达出对孩子感受的理解。
2. 对孩子的观点表达共情，但这并不意味着你同意他的观点。
3. 当你的孩子准备好倾听时，告诉孩子你的感受和看法。
4. 让你的孩子专注于解决方法。

当课间休息时间在外面玩耍时，兰斯总是会在休息结束前5分钟受到提醒。在这个5分钟快结束时，他的老师会给他看一张"点心"图片，并边打手语边说："现在是回教室吃点心的时间了。"如果兰斯开始尖叫并从老师身边走开，她通常会边打手语边说类似这样的话："兰斯，你很伤心。你不想停止在外面玩。"

尽管她的理解和共情会吸引兰斯注意片刻，但他通常不会待足够长的时间听老师说太多的话。兰斯的老师坚持着在这个过程中赢得兰斯的合作，通常会说出她观察到的一件事情，诸如："你今天带了点心。你喜欢吃点心。"她会继续跟着他在操场上跑（当他从她身边跑开时），并边打手语边说："你想跑回教室，还是走回教室？"给他提供一个有限制的选择作为解决方案。他当然会继续跑，而她会把这种你逃我追变成"我要抓住你！"的游戏。兰斯通常会开始咯咯笑着回头看他的老师追他。老师不断根据他向哪个方向跑来调整自己追他的方向，通常会把他追回教室，并且正好到吃点心的地方！

这个例子清楚地表明，合作并不是要么全有要么全无，而是具有"程度大小"的特点。在兰斯的例子中，他之所以跑回教室，很大程度上是这个追逐游戏让他感觉很好玩，而在较小程度上是因为他的合作。在赢得兰斯合作的这个早期阶段，他的老师避免了控制兰斯。她没有强迫兰斯按她的话去做，因为用控制他的身体的方式来让他做出老师要求的行为，只会导致他身体的反抗和挣扎，而不是真正的合作。相反，她吸引他出于自己的意愿而合作。

在你看上面例子的过程中,你可能一直在想兰斯的老师在他"拒绝"一个要求之后,事实上通过与他的积极互动而向他"让步"了。对此,我们只想提醒你记住正面管教的从长远看问题的思考方式,他的老师感兴趣的不是只赢得兰斯的服从。在与他积极并相互尊重的互动中,她想帮助他学会灵活地思考、从他人的角度考虑问题,以及培养自我管理技能。

运用和善与坚定并行

在保持一种和善、平和的性情的同时,学会为你的孩子设置合理而安全的界限,是正面管教的一个重要而可信的工具。你在与自己的孩子相处的紧要时刻(例如,当你的孩子非常生气并尖叫、大发脾气、伤害自己和/或攻击他人时)做到温和并同时坚定的能力,将能让你了解和善与坚定并行在身体上是什

> 学会为你的孩子设置合理而安全的界限,是正面管教的一个重要而可信的工具。

么感觉。这种互动方式不是和善与坚定之间的一个中间点。相反,通过你的身体的沉静、节奏平稳的动作,你的冷静、轻柔的语气和音量,以及你的坚持、毫不动摇的立场,你尊重地表达并坚持了你对孩子的一个期望。

兰斯在这方面的一个例子,发生在课间休息时。当听见室外活动时间到了时,兰斯会迅速跑到教室门外。由于他的班里教职人员和学生的比例,对于兰斯和他的同学们来说,他们所有 8 名学生和当天任课的 4~5 名大人一起离开教室是最安全的。而兰斯通常会第一个跑到门口,推开门,一个人跑到操场上。他的老师由于知道他会这么做,通常会挡在门口并关上门,等所有学生都到齐后再一起离开。当兰斯试图推开她走到门口时,她会拿出准备好的图片,边打手语边说话,向他表达"站在门口"和"等等

小朋友"。她的身体语言既不突然也不严厉，而是可预测且沉着的。她会半蹲下来，看着兰斯的眼睛。而她说话的声音是可爱而愉快的。然而，她不会从自己守着的门口离开，因为她最终的目的是防止兰斯在没有大人的陪伴离开教室时受到伤害。

给你的孩子鼓励

如果你的话语是鼓励和支持孩子的，并且尊重地认可他的有益行为以及这些行为体现出的责任感，你的孩子会受到激励，以对社会有益的方式行事。你的鼓励的话语应该唤起对你的孩子的行为的注意，关注他的具体努力和成绩。要在孩子的行为发生后，立刻给予鼓励，并要用他能够理解的话语。在需

> 如果你的话语是鼓励和支持孩子的，并且尊重地认可他的有益行为以及这些行为体现出的责任感，你的孩子会受到激励，以对社会有益的方式行事。

要的时候，可以通过手语和／或图片来强化你的话语。要用眼神交流、肯定的面部表情和语调来加强你的沟通。尤其是对那些经常喊"看我！看我！"的小孩子，鼓励的话语能表达出我们确实在看着他们以及他们做的事情很重要这样的讯息。

给兰斯的鼓励，是为符合他理解语言的能力而简化过的。由于兰斯的听力损失，鼓励的话语既要提高音量，又要增加强度（手语和图片）。兰斯的老师们尽量在他眼睛的高度与他沟通，以便他能看到并理解他们的面部表情。当兰斯开始表现出社会兴趣以及与他人合作的迹象时，他的老师们会说这样的话鼓励他："你加入圆圈了！""你在画画！""谢谢你的等待！"兰斯没有拒绝老师们的鼓励，可能是因为这种鼓励关注的是他做了什么，而不是他们想让他做什么。

着眼于你的孩子的长处

强调你的孩子的长处,并帮助他用这些长处来改善薄弱的地方,对你的孩子有多种好处。这样做,你就会帮助他把注意力集中在建设性的行为上。做出建设性的行为,并体验由此而带来的美好感受,会增强孩子的价值感和能力感。而且,通过将你的注意力保持在孩子的长处上,你会更有可能以一种肯定而乐观的方式与他相处;这反过来会增强你和孩子之间的关系。因而,关注你的孩子的长处会让他更多地感受到自己的能力和与他人的情感联结,从而最终提高他以对社会有益的方式行事的能力。

想一想你的特殊需求的孩子擅长什么活动以及受到激励会参与的活动。要给他提供以这些长处为基础进一步发展的机会。要考虑一些能让他用自己的长处来改进薄弱之处的活动。在兰斯的例子中,他的大运动能力与其他同龄孩子的相当,而且他很喜欢参与涉及到跑、跳和攀爬的活动。

有一天,他的老师在教室里设置了几个塑料保龄球瓶,并为学生们示范了如何用一个保龄球撞倒球瓶。兰斯决定不管保龄球,并且从保龄球瓶上跳了过去。他的老师抓住这个可能增进与兰斯互动的机会,也跟着他跳过了保龄球瓶。当看到老师的举动后,兰斯回以微笑,然后又跳了一次。他的老师也跳了一次,兰斯再次跟着跳,他明显很高兴有一位玩伴跟他一起跳保龄球瓶。在这个情形里,一项涉及到兰斯很强的运动能力的活动被用来增强他的社会参与以及互相轮流的技能。

以尊重孩子的方式实施限制

所有的孩子,包括特殊需求的孩子,都需要保持安全,免受伤害。而且,他们需要学会如何尊重地与他人交往,以及如何对遇到的有生命和没有生命的东西表达关心。帮助你的孩子保持安全并让他学会需要学习的技能的方法之一，是通过运用正面管教的指导原则来设立界限。这些用来为你的特殊需求孩子设立界限的指导原则，与用于所有孩子的都是一样的。

用来设立界限的一个核心的正面管教指导原则，就是我们在上面提到过的：和善与坚定并行。另外一个重要原则，就是在设立和实施限制时要让孩子们参与。你可以通过与孩子一起找出解决方案，而不是"管"孩子，来尊重地做到这一点。然而，如果你的孩子的身心发展程度小于4岁，即使他的自然年龄更大，你也需要为设立界限并坚持到底承担起责任，并记住在这样做时要和善与坚定并行。对于那些发展程度较低的孩子，**照管、转移注意力和转移其行为**是确保你的孩子的安全，并让他看到什么事情能做而不是什么事情不能做的重要的工具。

> 对于那些发展程度较低的孩子，照管、转移注意力和转移其行为是确保你的孩子的安全，并让他看到什么事情能做而不是什么事情不能做的重要的工具。

使用惩罚手段设立界限对你的孩子永远没有帮助。尽管惩罚的方法可能看起来管用（因为它们通常确实在短时间内能制止孩子的行为），但是，它们对于培养你为孩子列出的希望和梦想清单上的那些技能和性格从长远来看是没有帮助的。如果你的孩子的行为会对他人、他自己或财产造成危害，他可能需要暂时离开当时的情形，直到他足够冷静下来并参与问题的解决。一个积极的暂停区（你的孩子帮助设计的）会是一个他能从严重的烦躁状态中恢复过来（见第4章）的受欢迎的地方。在这个积极的暂停区里，应该包括一些能帮助你的孩子自我安慰并感到好起来的东西。能让你的孩子平静下来，以及能鼓励你的孩子考虑有益行为的物品（照片、图片和/或文字）也应该放在积极暂停区。

如果你的孩子在走向或者你建议他去积极暂停区时变得更生

气,你最好保持平静,并在原地为他创造积极暂停的体验。你可以给你的孩子一个能让他冷静下来的物品。你可以夸张地示范深呼吸,或者递给你的孩子一个他最喜欢的填充玩具。你可以在孩子体验他的感受时只是坐在他的身边。当你的孩子足够平静到能与你重新建立情感联结时,就要按照前面介绍过的赢得合作的四个步骤去做。要用手语和/或图片(事先准备好的或你画在纸上或白板上的)来强化你的话语。

总之,如果你设立的界限让你的孩子感觉与你的情感联结更加紧密并更有能力,你对孩子就会有积极的支持。对兰斯来说,在他进入早期儿童特殊教育幼儿园的头几个月,当他还没学会在情绪激动时尊重他人时,设立界限是需要的。在他以大发脾气和攻击行为表现出明显的情绪不安期间,他通常很愿意选择去积极暂停区,尤其当老师陪着他一起去的时候。随着时间的推移以及他和老师的情感联结变得越来越紧密,兰斯越来越有能力在生气时进行自我管理了。

和你的孩子的错误目的相关的正面管教工具

在兰斯进入早期儿童特殊教育幼儿园的头几个星期,他以拒绝参加班级活动的形式表现出来的错误目的行为,让他的团队感觉受到了挑战。他的老师们很快就发现,当他们为他参与一个活动提供哪怕最少的一点帮助时,他都会以加剧他的挑战行为作为回应。考虑到老师们自己的情感反应,即感觉受到了挑战并被兰斯击败了,他行为背后的信念似乎一直是由寻求权力这个错误目的造成的。他的错误目的行为看起来是源自于他的错误信念,即只有在由他控制并且没有别人告诉他该做什么或不要做什么时,他才有归属感和价值感。

如果你的孩子正基于寻求权力的错误目的行事，你可以运用积极主动和鼓励性的回应，来帮助他发现如何才能在为家庭和群体做贡献的过程中感受到一种积极的、令人满足的并且与其发展相适应的控制感。除了本章前面重点介绍过的那些工具之外，那些对兰斯有帮助的工具如下所述。

避免权力之争

权力之争需要不止一个人。如果你的孩子的行为挑战了你，要避免被拉入一场冲突。相反，要从潜在的争斗中撤出。如果你的孩子和其他人是安全的，你可以走开，过一会儿等你的孩子平静下来时再回来，重新提起当初激怒你的孩子的事情。要记住"掌中的大脑"（见第3章）。无论是你的孩子还是你，都无法在"掀开盖子"的状态下有效地解决问题。

如果你走开会让你的孩子或其他人的安全有风险，你可以通过待在原地从潜在的争斗中撤出，让你的情感状态变平静（深呼吸可能会有帮助），并在再次提出原来的情形之前耐心地等待孩子平静下来。不论是走开还是待在原地，都能给你时间考虑，在对孩子重提这件事时，是否需要做出调整。当兰斯出现不当行为时，他的老师会留在原地并保持冷静。这种回应不仅能防止兰斯加剧他令人担心的行为，而且还能让老师有时间评估原来引发兰斯发脾气的情形是否需要做出调整，以便使之对他来说更容易理解和容忍。

> 无论是你的孩子还是你，都无法在"掀开盖子"的状态下有效地解决问题。

我们知道，保持冷静并耐心等待往往是说起来容易做起来难。有些时候你会达不到这个高标准。出现这种情况并不是因为你意志薄弱，而是因为你是人类。要记住：错误是学习的机会。

既不战斗，也不让步

从与孩子的权力之争中撤出，并不意味着你从教给他重要技能的机会里撤出。如果你试图做的事情是合理的，但仍然受到了抵制，你可能需要在孩子平静下来后再尝试一次。如果你决定对你的互动方式做出一些调整，在孩子处于平静状态时，你仍然需要这么做。在这两种情况下，你可能会预料到你的孩子会再次拒绝赞同你的主意。如果发生这种情况，要再次从潜在的权力之争中撤出，并等待孩子平静下来。当你再次提出你的期望时，要保持和善而坚定，以及情感的平静。

当兰斯或他的同学的安全有风险时，兰斯的老师会坚定不移地努力防止伤害的发生。兰斯更喜欢跑着而不是走着穿过这个小教室，有时候会意外地撞到其他同学，导致这个同学失去平衡并偶尔会摔倒。兰斯的老师合理地要求兰斯走过教室。她用"走路"的图片来强化她说的话，她把手温柔地放在兰斯的胸口，以放慢他前进的速度，并且在他真的在走时，她会对他说鼓励的话。如果他开始用身体抗拒她帮助他慢下来的努力，她就会以和善的方式坚持自己的期望。如果她的坚定激起他更大的抗拒并大发脾气，她就会耐心等待他平静下来，同时坚持着让他在教室里走路的期望。

> 当你再次提出你的期望时，要保持和善而坚定，以及情感的平静。

让孩子有机会建设性地运用权力

当你的孩子基于寻求权力的错误目的行事时，他潜在的信念是，如果由他来控制或没有人管他，他就会有归属感和价值感。你的孩子为保持控制而进行的争斗永远无法满足他对归属感和价值感的追求，因为与他人争斗会导致人际关系不稳定，这反过来会将归属感和价值感置于危险之中。

为了平衡你的孩子为保持控制而进行的争斗,要给他提供以有益的方式运用权力的机会。例如,由于兰斯对幼儿园操场上的活动很感兴趣并有这方面的能力,他的老师便经常带着一些同学在他旁边玩,以便他们能通过模仿兰斯来学习一项大运动技能或独立玩耍的技能。而且,只要幼儿园里有适合兰斯带头的合理情形,他的老师就会让他"负责"。通过在各种情形中给兰斯一个担任领导者的机会,他的老师希望能将他实现权力的错误努力,变为更有益的行为。

> 为了平衡你的孩子为保持控制而进行的争斗,要给他提供以有益的方式运用权力的机会。

提供有限制的选择

每一个人都喜欢在生活中有很多选择,你的孩子也不例外。帮助他认识到他确实有许多选择,会增强他对自己生活的控制感。

要以一种清晰易懂的形式为你的孩子提供选择,比如口头语言、图画或物品。要根据具体的情形以及你的孩子的理解能力来提供合理数量的选择:最少提供两个选择;如果你使用选择轮(参见图7),或许不要多于16个选择。

要在你的孩子处在平静的状态时给他提供选择,因为,在他处于情绪非常激动的状态时,不太可能运用做决定和其

图7.选择轮

他解决问题的技能。要记住,你提供的选择应该考虑到你的孩子的需要、你自己的需要以及当时情形的需要。

有时候,你的孩子可能需要从一个让他很吃力的情形中暂时解脱出来,或者推迟他对一个期望的回应。如果这对当时的情形来说是合理的,就要确保你提供的选择中包括休息一下的选项和等待的选项。提供这两个选择,不是要放弃你的期望,而只是将它推迟到稍后,当你的孩子处于更愿意接受的状态时,你就能重新表达你的期望。将这个工具与正面管教的其他工具结合起来,将增进你的孩子变得更容易接受合理期望的可能性。如果一个以寻求权力为错误目的而行事的孩子体验到依照他自己的时间段来选择有益行为的权力,他就更可能将这些选择看成是他自己的选择。

在幼儿园里,每一天的自始至终,兰斯的老师都会为他提供很多做选择的机会。考虑到他的听觉障碍和沟通能力发育迟缓,老师会让他看一个选择板的图片,以及一个白板上用简笔画画出的他的选项。因为"休息一下"和"等待"这两个概念还不为兰斯完全理解,他的老师会观察他的身体语言和动作。这预示着他对结束一件事情或停止一个动作的兴趣。当他的动作表达出要结束一个活动时,她就开始教给他做"结束"的手势。他自己自发地开始把一只胳膊向前伸,手心面向大人,来示意"停止"。通过认可他的"结束"和"停止"的手势,并通过给他提供以视觉呈现的选项,他的老师希望增强他对自己生活的控制感。

> 要在你的孩子处在平静的状态时给他提供选择,因为,在他处于情绪非常激动的状态时,不太可能运用做决定和其他解决问题的技能。

做到坚持到底

有效地坚持到底包括四个步骤:(1)与你的孩子建设性地

交谈，请他说出对相关情形的感受和想法；（2）和你的孩子一起用头脑风暴想出可能的解决方法，并选择出你们双方都同意的一个方法；（3）一起决定一个具体的截止时间；以及（4）如果你的孩子不遵守约定，要以和善而坚定的方式坚持到底。

有效地坚持到底

（1）与你的孩子建设性地交谈，请他说出对相关情形的感受和想法。

（2）和你的孩子一起用头脑风暴想出可能的解决方法，并选择出你们双方都同意的一个方法。

（3）一起决定一个具体的截止时间。

（4）如果你的孩子不遵守约定，要以和善而坚定的方式坚持到底。

鉴于兰斯的听觉障碍和沟通能力发育迟缓，坚持到底的步骤需要做出调整。起初，兰斯的老师会边说边做手势，因为他不对她说话、做手势。她会说出她注意到的他的感受，以及他对当前情形的可能想法。例如，当老师宣布该收好玩具并为点心时间做好准备时，如果兰斯开始表现出生气的迹象，他的老师就会边做手势边对他说："你很伤心。游戏时间结束了。"她还会给他看一个魔术贴上的图片（例如，代表"伤心"、"游戏"、"结束"的图片），以便增强他对她所表达的信息的理解。

由于兰斯还不能用头脑风暴找出解决问题的方法，也不能理解时间概念，因此，兰斯的老师对坚持到底的步骤做了进一步调整。她给他提供有限制的选择。例如，她会指着玩具问："你想收起这个玩具，还是那个玩具？"如果兰斯对收起哪个玩具做出了选择，但没有开始收拾，她会通过提醒他"你选择了收起＿＿＿＿。"来坚持到底。她通常是指着玩具，什么也不说，以便和善而坚定地坚持到底。当兰斯最终开始收起他选择的玩具时，他的老师会表达感激（边打手语边说"谢谢你！"）和鼓励（"你把 _____ 收起来了"）。

和孩子共度特别时光

与你的孩子共享愉快的体验，会增强你们的关系，并增加你给孩子鼓励的机会。在幼儿园，兰斯的老师经常和他一起玩。最初，她只是坐在他身边的地板上并观察他。然后，她开始用同样的玩具，自己玩和他相同的游戏。最后，她开始用幽默或搞笑的方式玩她的玩具，以引起他的注意。如果他对她玩的游戏表现出兴趣，她就让他轮流玩，并尽量保持没有威胁性。她的目标是和兰斯共度特别时光，以便他更多地记住自己这个特殊的幼儿园度过的快乐时光，而不是艰难的挣扎。

本章正面管教工具回顾

1. 为孩子做出你希望他运用的互动方式的榜样。
2. 要赢得孩子，而不是赢了孩子。
3. 运用和善与坚定并行。
4. 给你的孩子鼓励。
5. 着眼于孩子的长处。
6. 以尊重孩子的方式实施限制。
7. 照管、转移注意力和转移其行为。
8. 避免权力之争。
9. 既不战斗，也不让步。

10. 让孩子有机会建设性地运用权力。
11. 提供有限制的选择。
12. 做到坚持到底。
13. 和孩子共度特别时光。

第 12 章

阿里的故事：
相信你的孩子——自我实现的预言

伴随着一声尖锐刺耳的大叫，一个儿童软式足球飞到了副驾驶座位旁边的车厢地板上。由3岁的阿里猛地用力扔出去的这个球，差点儿砸到伊拉娜的头上。8岁的伊拉娜坐在座位上，继续看着她的书，只是将目光从书上移开了一下，用余光撇了一眼这个高速飞过的物体。"哎哟！别扯我的头发！妈妈，阿里弄疼我了！"5岁的达莉娅喊道，她正挨着弟弟坐在后座上。玛拉，三个孩子的妈妈，用尽量克制的语气缓慢地回答："给他一个玩具让他拿着就好了，达莉娅。"像通常一样，在从学校接了两个女儿并载着孩子们行驶在拥挤的车流中时，玛拉努力保持着镇静。达莉娅脸上露出了惊讶的表情，然后眼泪立即涌了出来。她将阿里的手从她的头上推开，同时命令他："别动！"而阿里也以跟她同样的音量大吼了一声，并推了她一把。后座上的争吵在接下来的5分钟里一直持续着，直到玛拉将车开上自己家的车道。

阿里在工作日都会陪玛拉一起去接姐姐们放学，他在路上通常都很宜人，只要他能拿着自己最喜欢的一个玩具玩。然而，有时候，别的车发出的噪音或者街上施工的工程造成的喧闹会让他恼怒。他对这些声音的反应通常是尖叫。有时候，他还会以扔玩具、用脚踢他前面的座椅背，以及抓任何触手可及的东西，包括达莉娅的玩具和头发，来更强烈地表达自己的恼怒。

玛拉在阿里急躁的时刻通常都能机智地做出回应。毕竟，自从阿里出生以来，她已经对他相当了解了，这不仅因为她是一位细心而慈爱的母亲，而且因为她花了大量时间从他的医生、他的视觉专家和他的早期干预团队的角度来了解阿里。在出生时，阿里就显现出了严重的视觉障碍[①]迹象，尽管他能够对某些视觉输入做出反应，但按照医学标准，他被认定为法定盲人[②]。此外，在出生后的第一年里，他的运动和沟通能力的发育也表现出严重迟缓。鉴于他的视力障碍和发育迟缓，阿里很小的时候就符合了从所在学区的早期儿童项目得到早期干预服务的条件。

玛拉已经掌握了阿里的治疗师和专家告诉她的所有建议和方法，而且她一直坚持着做他们推荐的任何治疗活动。当只有她和阿里两个人在车里时，她能让阿里保持平静和满足。然而，当阿里的两个姐姐也在车里时，玛拉往往对如何对待阿里的不安一筹莫展，尤其是当阿里与达莉娅发生口角时。

[①] Visiual impairments, 视觉障碍，又称视力残疾（visual handicapped）、视觉缺陷（defect of vision），是由于各种原因导致双眼不同程度的视力损失或视野缩小，难以从事普通人所能从事的工作、学习或其他活动。2006 年第二次全国残疾人抽样调查提出的定义是：由于各种原因导致双眼视力低下并且不能矫正或视野缩小，以至影响其日常生活和社会参与。包括盲和低视力。——译者注

[②] 法定盲是指一个人的最好的眼睛在经过最佳矫正（隐形眼镜或眼镜）之后，视力仍然不足 20/200，或者最好的眼睛的视觉范围少于 20 度。在美国，中小学、大学以及其他教育机构用弱视（partially sighted）、低视力（low vision）、法定盲（legally blind）和全盲（totally blind）来描述存在视觉障碍的学生。——译者注

玛拉在处理两个最小的孩子之间过于频繁地发生的冲突时感到很矛盾。一方面，她对阿里的缺陷感到很难过，并担心他未来的发展。她希望他的两个宝贝姐姐对他能宽容并同情。另一方面，虽然达莉娅对阿里缺乏耐心让她感到失望，但对年仅5岁的女儿期望这么高也让她感到内疚。玛拉意识到，在达莉娅过去3年的生活中，她一直被要求为一个一出生就需要父母大量时间、关注和精力的弟弟让出空间。而且，尽管玛拉和她的丈夫戴维尽量有意识地、公平地回应每个孩子的需求，但他们很清楚阿里占用了他们多少时间。尽管他们的大女儿伊拉娜适应能力很强、很自主，并且总的来说对于父母给予阿里的关注能做到心平气和，但达莉娅往往很固执、依赖性强，并且在不得不和阿里共享父母中的一位或两位的时间时，会闷闷不乐。

当玛拉将车开上车道时，她为自己和孩子们安全到家松了一口气，并意识到，阿里和达莉娅之间的关系需要改变。她决心要找到办法，让严重残疾的3岁儿子和聪明的5岁女儿学会更好地相处。确实，照顾好阿里的独特而让人费心费力的发展需求不得不成为她和戴维的首要任务。然而，他们整个家庭的长期健康取决于帮助孩子们和平共处也是事实。

当你专心致志于你的特殊需求孩子的日常照料和对他提供帮助的活动的各种细节时，可能很难调整视角去看到大局并想象你的孩子的未来。然而，为了帮助你的孩子迈向一个更乐观而充满希望的未来，为你的孩子设想应具备的宝贵品质和人生技能是很重要的。这些品质和人生技能会形成你将自己的精力和注意力指向的重要目标。记住了你的孩子未来的这个愿景，要相信他朝着这些目标前进的能力。运用正面管教工具为你的孩子培养这些重要技能赋予力量，将帮助你像这些结果能够达成那样采取措施。你采取的这些措施，将帮助你和孩子在他培养值得拥有的品质和人生技能的旅程中共同取得进步。

玛拉这次充满挑战的车上经历，以她意识到需要改善阿里和达莉娅之间的关系和希望家庭成员能够长期融洽相处而结束。正面管教提供了很多工具，能够帮助像玛拉这样的父母和特殊需求孩子的老师们相信他们的孩子有能力发展重要的品质和人生技能，并帮助他们的孩子朝着这些长期愿望不断前行。

帮助孩子发展你希望的宝贵品质和人生技能的正面管教工具

当你相信你的孩子会发展出你期待他拥有的品格和人生技能时，你就激活了自我实现的预言。这个原理是说，我们对自己的孩子取得成功的能力的信念，既会影响我们与孩子之间的互动，也会影响孩子对自己取得成功的能力的信念。这反过来会导致向着目标前行。从根本上来说，如果我们坚持对孩子向着长期目标前行能力的信念，我们期待的事情成真的可能性就会增大。

专注于你为你的有特殊需求的孩子设想的品质和人生技能，是一个非常有效的做法。通过运用正面管教工具帮助你的孩子朝着这些长期目标前进，你们将会从这一努力产生的乐观而积极的前景中获益。这样一种前景会在你和孩子的人生道路顺利时肯定你们的努力，并在你和孩子的旅程遭遇艰难时让你们坚持下去。要想一想下面这些帮助你实现对孩子的长期愿景的正面管教工具：

> 从根本上来说，如果我们坚持对孩子向着长期目标前行能力的信念，我们期待的事情成真的可能性就会增大。

- 明确你对孩子的期望和梦想。
- 通过以下办法，赋予你的孩子力量：
    - 避免娇纵。
    - 让孩子们处境相同：
        - 给特殊需求的孩子提供便利。
        - 倾听所有的孩子。
        - 给你所有的孩子体贴和共情。
        - 给你的孩子们提供为他们的冲突找到解决办法的机会。
        - 如果有必要，要调整与特殊需求孩子的沟通方式。
- 花时间教孩子。
- 专注于每个小步骤。
- 给予鼓励。
- 通过你的能量支持对你的孩子表现出信心。
- 放手，并照顾好你自己。

明确你对孩子的期望和梦想

在第 1 章，你有机会做了参加正面管教课程的父母和老师们在第一节课上做过的一个练习。你想象了你的孩子在 30 年后来探望你的情景。你列出了你希望这个未来的成年人所具有的品质。这些品质和人生技能形成了你对自己孩子的一份**希望和梦想清单**。如果你在看第 1 章时列过这个清单的话，现在就把它找出来，如果没有列，马上列一份。在你回顾你的清单时，要考虑以下两个问题，以便你帮助你的孩子朝着这些长期目标前进：你能做什么事情来帮助你的孩子实现这种潜能？在你思考你的孩子的支持网络时，谁能帮助你的努力？

你的态度和你的行动，会影响到你在帮助孩子实现最大潜能时有多么成功。重要的是要认识到，这些品质和人生技能是你的孩子的一种长期愿景，而且，尽管他现在可能无法表现出这些特征，但随着时间的推移，他可以学着培养它们，或者至少朝着这个方向前进。在考虑管教方法时，要记住管教（discipline）这个词的词根和"教"有关；要经常回顾这张清单，并问你自己："这种管教方法能帮助我的孩子培养出这些品质和人生技能吗？"这能极大地激励你在内心中肯定这些品质是能够实现的，并像它们有可能实现那样继续前行。要将你对自己的孩子的计划设置为最终获得这些品质。

你可能想把对你的孩子的希望和梦想清单带在身边，或者贴在一个能让你经常想起它们的显眼的地方。如果你是一位父母或老师，你可以在参与孩子学校的老师们为他制定教育目标时把这份清单作为一个指导。作为一位父母，你可以在为孩子寻求治疗服务或娱乐活动时使用这个清单。要定期回顾这份清单，以便客观地判断你的孩子在实现这些重要目标方面所取得的进步，并对加速实现你对孩子的希望和梦想的方法获得新的洞察力。

> 重要的是要认识到，这些品质和人生技能是你的孩子的一种长期愿景，而且，尽管他现在可能无法表现出这些特征，但随着时间的推移，他可以学着培养它们，或者至少朝着这个方向前进。

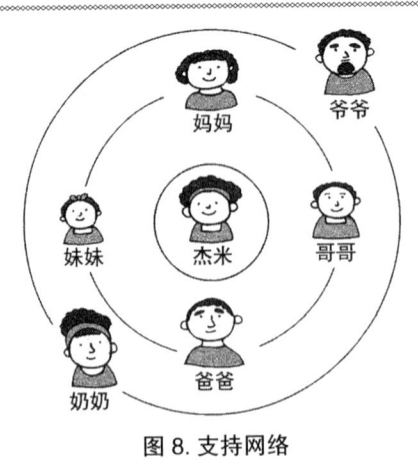

在你思考能在你和孩子的旅程中帮助你的所有人时，要考虑下面这个练习。在一张纸的中间画一个小圆圈。然后，围绕这个小圆圈，画一系列同心圆。在小圆圈的中心，写下你的孩子的名字。从最靠近孩子名字的那个同心圆开始，在每个同心圆上写下你的孩子生活中的人的名字，从

图 8. 支持网络

那些与你的孩子最亲近和最了解他的人（写在里圈），到那些与他不那么熟悉的人（在外圈）。（见图8。）

当你把与你的孩子有关系的所有人的名字都写上之后，你就形成了你的孩子的**支持网络**的一个简单描述。本着非洲谚语"需要全村人才能抚养一个孩子"的精神，我们可以说"需要一个由善良、关爱、乐于助人的人组成的网络，才能帮助一个有特殊需求的孩子不断地迈向光明的未来。"在帮助你的孩子成为你相信他有能力成为的那个人的过程中，你的孩子的支持网络也会成为你的重要支持人脉。

如果你是作为父母画出了这个支持图的，与你的孩子最亲近的人就是你和你的直系家人。如果你是作为老师画出了这个图，与你的孩子最亲近的人就是你、他的同学和他的教育团队中的其他成员。这些花大部分时间和你的孩子在一起的，是他的社会网络中的主要成员。在你

> 需要一个由善良、关爱、乐于助人的人组成的网络，才能帮助一个有特殊需求的孩子不断地迈向光明的未来。

现在帮助你的孩子培养这些最终将带来他未来成就的技能的过程中，要让这些人起到支持的作用。例如，玛拉的专注于改善阿里和达莉娅的关系，将是实现她对阿里的期望——与家人长期融洽相处——的重要一步。因为达莉娅在阿里的生活中扮演着重要角色，玛拉可以体贴地让达莉娅参与帮助解决行车中的挑战。

为了促进你和你的孩子朝着实现你希望他拥有的品质和人生技能的方向前行，你能采取的最重要的行动，就是经常运用以下正面管教的工具。

避免娇纵

阿尔弗雷德·阿德勒用 Gemeinschaftsgefühl（社会兴趣）这

个概念来描述我们作为人类的最崇高的召唤之一：实现社群意识并积极地努力为这个群体做出贡献。Gemeinschaftsgefühl 是真正地感觉到与他人的情感联结，并真诚地关心他人的福祉。我们通过积极地承担起为我们所在群体的幸福做贡献的责任，来奉行这种联结感和对他人的关心。

我们为自己的孩子设想的品质和人生技能，往往反映了我们最重视的人类特征，包括与 Gemeinschaftsgefühl 相关的品质。当我们让参加正面管教讲习班的那些特殊需求孩子的父母和老师们确定他们希望自己的孩子在遥远的未来要拥有的品质时，他们列出的清单中通常包括：

> Gemeinschaftsgefühl：我们通过积极地承担起为我们所在群体的幸福做贡献的责任，来奉行这种联结感和对他人的关心。

爱与被爱的能力、同情心、与他人的情感联结、责任心、关心他人、共情、耐心、成为榜样的能力、尊重他人和宽容。这些是能让他们的孩子成为负责任、有爱心并对群体有贡献的一员的可贵品质。而这些可贵品质是通过赋予孩子力量——而不是娇纵他们——来达到的。

在阿德勒看来，当我们用太多的帮助来过度保护并迁就一个孩子的时候，我们就是在娇纵这个孩子。在此过程中，我们通过为他做他能学会自己做的事情，阻碍了他体验人生中正常的挑战。这样一个孩子有变得过度依赖他人和只顾自己的危险。他可能对自己战胜挑战的能力缺乏信心，不相信自己有能力。而且，他可能会形成自己有权得到"特殊服侍"的信念。

你可以通过明确你的孩子需要学习的品质和人生技能，相信他有能力向这些目标前进，并且在他培养这些品质和技能的过程中，尽可能帮助他培养独立性，来赋予你的有特殊需求的孩子力量，并避免娇纵他。这意味着，你必须给他尝试事情所需的空间，并逐渐减少对他的帮助，使他最终要依靠他自己。这意味着，他在这个过程中会犯错误，而如果他的健康和安全没有受到威胁，你就要克制住自己，不要为避免他犯错误而解救他。要记住，他犯的错误是他学习的机会。

正如我们在第10章讨论的那样，你可以通过给你的有特殊需求的孩子提供便利，并且不要仅仅因为他是个有特殊需求的孩子而迁就他，来赋予他力量并避免娇纵他。便利是特殊教育中用来描述一个孩子为成功地完成正规课程所需要的支持和服务的一个术语。便利是能帮助这个孩子从课程中学习，并表明即便有缺陷但他正在学习的具体的调整。例如，对你的不能说话的孩子提供便利，可能是一个选择图板，让他用来提出自己想要的物品。当你给他提供一个选择图板，并鼓励他用它来提出要求时，你就是在赋予他力量。如果你允许他抢夺他想要的东西，或者在你努力猜测他想要什么时哼唧，你就是在娇纵他。当你赋予孩子力量并克制住不娇纵他时，你就达成了微妙的平衡——承认你的孩子需要支持才能学会某些东西，并且你只给他提供必要的帮助，以便让他靠自己来取得成功。

> 你可以通过给你的有特殊需求的孩子提供便利，并且不要仅仅因为他是个有特殊需求的孩子而迁就他，来赋予他力量并避免娇纵他。

从阿里还是一个婴儿的时候开始，玛拉就决心赋予他力量。在他小时候，当他们一起坐车时，阿里依靠玛拉帮他处理行车中遇到的挑战：他对阻止车外面令他不快的噪音的无能为力，以及由于无法控制噪音而变得越来越强烈的心烦意乱。认识到噪音是让阿里生气的根源之后，玛拉决定在行车时让他拿着一个最喜欢的玩具，既为了转移他的注意力，也为了让他平静下来。这样做，玛拉就是给阿里提供便利，旨在帮助他在即便为噪音烦恼时也能保持平静。渐渐地，阿里从玛拉那里了解到，尽管他无法预知或控制令人不快的噪音，但有些事情可以帮助他感觉好起来。

> 当你赋予孩子力量并克制住不娇纵他时，你就达成了微妙的平衡——承认你的孩子需要支持才能学会某些东西，并且你只给他提供必要的帮助，以便让他靠自己来取得成功。

然而，每当阿里和达莉娅一起坐车发生冲突时，玛拉就会在如何处理这件事情上感到很矛盾，并往往以牺牲达莉娅获得公平和公正的支持为代价娇纵阿里。玛拉以迁就阿里的方式对他与达莉娅的冲突做出回应，而这无论是对阿里、对达莉娅还是对当时的情形都是没有益处的。例如，当玛拉告诉达莉娅"给他一个玩具让他拿着就好了"时，这个以前被当做一种便利而给阿里的玩具现在就变成了一种迁就。在"解决"阿里以扯达莉娅的头发表达生气的不成功的尝试中，玛拉建议的给他一个玩具是在娇纵他。在这个例子中，给阿里一个玩具让他拿着的建议，不是帮助阿里平静下来或将他的注意力从噪音或生气中转移开的提供便利。在这个阶段，给阿里玩具，是在向他提供鼓励其未来错误目的行为的特殊服侍。这无法帮助达莉娅感觉到妈妈的支持和理解。而且，这也没有为阿里或达莉娅提供机会，让他们找出解决行车中的不愉快的方法。

对玛拉娇纵阿里的矫正，发生在她将汽车开上家里的车道，并重新思考自己需要优先解决的事情——更加关注改善阿里和达莉娅的关系——的时候。她对于要如何做还没有具体的想法，但她增进家里融洽的决心是她帮助阿里向她对他的希望和梦想迈进的第一步。玛拉知道，通过给阿里一个玩具来迁就他——本质上是在当时"收买"他——从长期来看的并不是一种好办法。赋予他成为善于解决问题的人的力量才有益得多。同样，你会看到，本节介绍的正面管教工具会帮助你赋予你的特殊需求的孩子力量，让他成为自己群体中更负责任、更有爱心的一员。

让孩子们处境相同

所有特殊需求的孩子，无论患有什么疾病，首先都是孩子。而所有孩子都有权利体验归属感和价值感，并受到尊严和尊重的对待。如果你真正将你的孩子们看作是相互平等的，如果你对每个孩子都同等重视，你就能够赋予你的孩子们发展宝贵的品质和人生技能的力量。当你对你的孩子们抱有这种观念时，你还能够认可每一个孩子的独特之处以及他的不同的生活经历。

当孩子们之间发生冲突时，对孩子们坚持平等的态度是尤其有帮助的。如果你家里或班里的孩子们打架，你可以通过让他们处境相同来平等地对待他们。即便其中一个孩子有特殊需求，也要避免偏袒或判断是谁的错。相反，要专注于你的希望：孩子们之间的融洽。对于你的特殊需求孩子，如果有可能，就要**提供便利**。**要倾听你所有的孩子**，毫不奇怪，他们会有不同的想法。要**给你所有的孩子体贴和共情。要给你的孩子们提供找到解决他们的冲突的方法的机会**。当然，如果有必要，要对你的有特殊需求的孩子调整**沟通方式**。

当阿里和达莉娅在一起时，玛拉对阿里的特殊需求的关注，使她很少关注达莉娅的需要。她往往会偏袒，由于阿里的特殊需求而将他视作冲突中更脆弱的一方。结果，达莉娅没有感觉到自己被倾听和被理解；她没有受到鼓励去想出一个让她和阿里更融洽的解决方法，而且她感到很伤心，感觉自己受到了剥夺。

当玛拉学习了"让所有的孩子处境相同"的正面管教工具后，她可能会做以下几件事：

1. 给阿里提供便利；
2. 既倾听阿里，又倾听达莉娅；
3. 对阿里和达莉娅都给予体贴和共情；

4. 给两个孩子提供找到解决冲突的方法机会；
5. 在与阿里相处时，调整与他的沟通方式。

给阿里提供便利。首先，玛拉可以为阿里提供一些有帮助的便利。她可以问自己这样几个问题："我能做出什么调整或者帮助阿里做什么调整，才能减轻他在行车中的压力？""如果他在车里用耳机或外放听音乐，他会不会对街上的噪音不再那么苦恼？""如果在不同情形中教给他在听到不愉快的噪音时用手捂住耳朵，他会将这个技巧用在车上，以帮助他减少听觉刺激并避免'掀开他的盖子'吗？""有没有可能将阿里和达莉娅分开，在他们之间设一个'中立区'？"

既倾听阿里，又倾听达莉娅。接下来，玛拉可以倾听两个孩子。阿里生气的信息是通过他的行为表达出来的，尽管他没有用语言表达。达莉娅痛苦的话语既响亮又清晰。通过倾听两个孩子的关切，平等地体贴双方的信息，玛拉就可以从一个公正的有利位置做出回应。

对阿里和达莉娅都给予体贴和共情。倾听了双方的信息，玛拉可以以体贴的关心和理解做出回应。在回应达莉娅痛苦的哭泣时，玛拉可以说："达莉娅，你被弄疼了，而且阿里拉你头发的时候，你可能感到很伤心。"或者说，"阿里拉你的头发让你很生气。"而对阿里做出回应时，玛拉可以递给他一张代表"苦恼"的大图片（或者她平时用来代表苦恼这一感受的物品），并说："你感到很苦恼。"或者，如果阿里能理解更多语言，玛拉可以把代表"生气"的图片或物品给他，同时说："当你听到很大的噪音时，你感到很苦恼"。

我们承认，玛拉在开车时，与孩子们有效沟通的能力会受到限制。她无法和他们面对面地目光平视着说话。然而，即便在她开着车而不得不背着脸与后座上的孩子们说话的时候，玛拉在家里与两个孩子形成的支持性的沟通方式在车里也可能同样有效。

给两个孩子找到解决冲突的方法的机会。尽管玛拉能给阿里和达莉娅一个找到解决冲突的方法的机会，但由于两个孩子年龄和发育程度不同，他们解决问题的能力也会明显不同。在没有开车并且每个人都很平静的时候，玛拉可以就行车中的挑战问达莉娅"什么"和"怎样"的问题。例如，玛拉可以问："当阿里在车里生气时，你可以做什么事情来照顾好你自己？"或者"我们怎样才能让我们在车里的旅程对你来说更愉快？"相比之下，阿里由于在沟通能力方面发育严重迟缓，就需要为他提供一些有形的更清晰而具体的解决方法，例如，在他苦恼时给他提供一个带有几种选项（二维或三维符号）的选择板。选项可以包括"捂住耳朵"、"要求听音乐"和"要一个玩具"。在阿里苦恼时，给他看选择板，并问他"你在苦恼时可以做什么？"在各种环境中，包括车上，都会有帮助。

在和阿里相处时，调整沟通方式。玛拉在与阿里的互动中运用的共情和解决问题的沟通方式，可以根据他的具体需要和能力有针对性地做出调整。阿里的老师、视力专家和语言治疗师可以在玛拉为阿里设计个性化的沟通方法时，提供有帮助的建议。

花时间教孩子，并专注于小步骤

你可以用来帮助你的特殊需求孩子发展你所期望的品质和人生技能的最重要的工具之一，就是花时间教孩子。作为有特殊需求孩子的父母或老师，你对由你和你的孩子的团队中的其他成员一起制定的年度计划——从出生到5岁的"个性化家庭服务计划[①]"，以及从5岁到21岁的"个人教育计划"——是非常熟悉的。为你的孩子制定成功的教育计划的一个关键，就是明确能最终实现年度目标的一些短期目标。而对完成短期目标至关重要的，就是你的孩子学会能带来目标最终实现的小步骤的教育机会。

一开始，当你的孩子学习你希望他掌握的技能时，你很可能需要在这个技能的每一步都给他提供帮助。在你教给孩子这些步骤时，要密切注意你的孩子开始能够部分或完全独立完成这项技能的迹象。要在你的孩子表现出为独立完成这项技能做好准备时逐渐减少你的帮助，支持他的独立性和为承担责任而做出的努力。

> 要在你的孩子表现出为独立完成这项技能做好准备时逐渐减少你的帮助，支持他的独立性和为承担责任而做出的努力。

当玛拉学会了"花时间教孩子"和"专注于小步骤"这两个正面管教工具时，她会做下面这几件事：

1. 明确要教给阿里和达莉娅的技能。
2. 教给阿里和达莉娅每次迈出一小步。
3. 一开始提供较多帮助，当每个孩子都觉得做好了独立完成这项技能的准备时，逐渐减少帮助。

如果她给阿里和达莉娅设想的长期目标是在乘车时让两人更融洽，玛拉首先需要明确她要教给每个孩子的能实现这个目标的技能。捂住耳朵来应对街上的噪音，是阿里要学习的一项重要技能，并且将有助于实现长期的目标。教达莉娅减少对弟弟行为的

[①] Individual Family Service Plan (IFSP)，个性化家庭服务计划是为发育迟缓的儿童提供的特殊服务计划，内容包括一份孩子当前发育水平的评估、一份要实现的目标的说明、为实现这些目标所实施的支持服务、服务开始的日期、服务协调员的姓名和身份证明。IFSP仅适用于从出生到三岁的孩子。一旦孩子超过3岁，就开始实施个人教育项目（Individualized Education Program，IEP）。——译者注

反应，将使她更可能有助于享受行车的过程，并参与帮助阿里变得更安静。那样，她就可以给阿里看代表着他正在学习的行为（捂住耳朵）或者他正体验着的感受（苦恼）的图片或物品。这有双重好处——在她学着既自立又对别人有帮助的过程中增强她的自我价值感；并且在她指导阿里并表现出共情的过程中增强了她与阿里关系的重要性。

玛拉可以花时间一小步一小步地教给阿里捂住耳朵以阻挡他不喜欢的噪音的技能。不在车里时，她可以在各种不同的情形中教给他捂住耳朵来应对令人不愉快的声音。她可以轻轻拿起阿里的双手，引导他用双手盖住耳朵。在这个过程中，她一开始可以提供充分的帮助，然后，当阿里开始能独立做出这个动作时，逐渐减少帮助。此外，她可以用代表捂住耳朵这个动作的图片或物品，提醒他自己做这个动作，而不是等着听到妈妈的言语提醒。

玛拉还可以一小步一小步地教给达莉娅在弟弟受到噪音烦扰时帮助弟弟的技能。不在车里时，达莉娅可以在各种不同情形中学习使用图片或物品提醒阿里该怎么做。首先，玛拉可以一边向达莉娅示范以下动作，一边解释她在做什么：注意到阿里开始对一种令人不愉快的噪音表现出不安的迹象，接着，让他看代表"捂住耳朵"的一张图片或一个物品。然后，她可以建议她们俩（玛拉和达莉娅）一起做。接下来，玛拉可以看着达莉娅独立做。最后，玛拉可以建议达莉娅在玛拉不在旁边看时，让阿里看图片或物品。

对她的每个孩子，玛拉都应该在一开始提供更多的帮助，并在每个孩子都准备好独自完成这项技能时，逐渐减少帮助。随着阿里越来越能自发地用手捂住耳朵，玛拉就可以以此作为她的信号，以减少帮助并给予阿里鼓励。而且，随着达莉娅能更独立地对阿里的生气迹象做出反应，玛拉可以鼓励她。当玛拉的两个孩子开始对自己的行为承担起责任并互相关心时，她可以通过"鼓励"的正面管教工具来支持他们。

给予鼓励

正如我们在前面几章指出的那样，你可以通过对孩子负责任的行为给予积极评价，或者通过对他的行为表示感激，来鼓励你的孩子。鼓励是"在纠正之前先建立联结"的本质。

要避免批评孩子的错误目的行为，因为批评只能导致他感觉更糟。为了让他做得更好，他需要感觉更好。尽管在你的孩子做出不当行为时对他进行鼓励并不容易，但这很可能是他最需要鼓励的时候。鼓励是养育和教育孩子的一个重要部分，因为它会帮助你的孩子感觉到归属感和价值感。鼓励你的孩子会激

> 鼓励是养育和教育孩子的一个重要部分，因为它会帮助你的孩子感觉到归属感和价值感。

励他做得更好，因为通过鼓励他的注意力会转移到自己负责任的行为上，并会让他体验到自己是家里或学校里一名有能力和有贡献的成员。最终，通过你的鼓励，你的孩子会感觉到他发展出宝贵的品质和人生技能所需要的支持。

对玛拉来说，鼓励会是一个可以在各种情形——包括开车时——对孩子使用的有用的工具。如果她回头瞥阿里一眼，并注意到他正在后座上玩一个玩具，她或许可以说类似这样的话："阿里，看起来你真的很喜欢你正玩的这个卡车。"如果街上有噪音，并且她注意到他捂住了耳朵，她可以说："真不错！当你听到很响的噪音时，你保护了自己的耳朵。"如果她看到达莉娅正在以关爱的方式和阿里相处，她可以说："达莉娅，阿里看起来非常喜欢你这样和他玩。"或者，如果达莉娅在让阿里看图片或物品，提醒他捂住耳朵，玛拉可以感谢她这么有帮助。

这里需要一个提醒。尽管这类话语会让孩子备受肯定，但父母们应该避免过多评论，以免让孩子过于依赖大人的这种积极反馈。让孩子专注于对自己完成一件重要事情而产生的满足感要

好得多。

当达莉娅不想帮忙时,只是认可她的感受就会让她受到鼓励。或者,玛拉可以关注达莉娅行为背后可能的信念,并说:"达莉娅,你知道我真的爱你吗?"如果达莉娅认为自己会受到责难,这句话对她来说会是一个真正的惊喜,并且可能会改变她和阿里之间的气氛。

有很多方法可以给予孩子鼓励:说出自己的看法,说出自己的感激,问诸如"你对此有什么感觉?"之类的问题。用这些方法,玛拉就会教给孩子们学会自我评价,并因为他们自己的努力而不是妈妈的赞同感觉到自己的价值。

通过你的能量支持对你的孩子表现出信心

当你教给你的孩子将有助于他形成你所期望的品质和人生技能的新技能时,要表现出对他取得成功的能力的信任。即便你的孩子正在学的是这种技能中非常小的一步(例如,他正在学习在你的手提供少量支持的情况下握住杯子,而不是像你之前那样手把手帮助他),也要让他通过你的能量支持知道你相信他变得更独立的能力。

我们说的"能量支持(Energetic Support)"是什么意思呢?这是一个在传统医学和主流教育领域很少使用的概念;它在辅助医学以及全人教育领域可能更受认可。能量支持作为一种有效的教育和养育工具,其功效得到了越来越多的科学证据的支持。斯坦福大学材料科学与工程学院的名誉教授、研究员兼作家,威廉·A.蒂勒(William A.Tiller)用了微妙能量(Subtle Energy)这个术语。蒂勒认为,身体的微妙能量"与人类意图的定向关注有关",并且很难通过目前的标准科学实验来测量。然而,通过他的微妙能量实验,他发现"定向的人类意图可以对物质世界产生强烈的影响"。本质上，蒂勒和其他人说的是，当我们投射支持和鼓励的感觉时，我们的孩子能够领悟到并得到其帮助。

能量支持也可以在人际神经生物学（包括对镜像神经元系统的研究）的范围内进行理解。加州大学洛杉矶分校医学院精神病学临床教授、研究员兼作家丹尼尔·西格尔提出，镜像神经元系统是神经系统中与共情相关的重要部分。在他对这一现象很有说服力的讨论中，西格尔的解释如下：

> 通过察觉另一个人的表达，大脑能够在其内部创造一个被认为是与这个人"共鸣"的内部状态。共鸣涉及到观察者的生理、情感和意向状态的一种变化，这些变化是由对被观察的那个人被激活的状态的察觉决定的。一对一的合拍沟通在这种内在共鸣状态中能够获得连贯性。

在人际神经生物学的框架中，能量支持与共情密切相关。然而，当你共情的表达伴随着能让你的孩子知道你理解他的感受的语言和/或图片时，你的能量支持的表达就会通过非语言沟通的方式传递出去。这包括但不限于表达理解的目光注视，体现和善的面部表情，以及表明坦诚和爱的身体朝向。你会通过你的态度传递能量支持；孩子们有时对你的态度的感觉要比对你的话语含义的理解更深切。通常，你做一件事情时背后的感受（能量）至少与你所做的事情同样重要。

> 你会通过你的态度传递能量支持；孩子们有时对你的态度的感觉要比对你的话语含义的理解更深切。

你的能量支持会传递你对你的孩子有信心。你的共情的回应会为孩子提供支持，因为这能够帮助孩子（用西格尔的话说）"感觉被感觉到"。那些感觉被感觉到的孩子（和成年人）更愿意解决问题。

玛拉可以经常向孩子们提供能量支持。当她帮助两个最小的孩子在座位上坐好时，她可以通过对阿里和达莉娅之间的关系进行正面的思考，将她的意图定向。她可以设想当他们融洽相处时的互动是什么样。而且，通过她的非语言沟通，她可以在两个孩子相处融洽和不融洽时，给他们提供能量支持。这些未言明的想法和行为本身所具有的价值，将会从玛拉投射到她的两个孩子身上。她的两个孩子会感觉到它们，并得到帮助，即便玛拉什么也没说。

放手，并照顾好你自己

在教给你的孩子任何技能时，重要的一步就是最后一步——你退后一步，不再教他，而是看着他靠自己完成这项技能。正如你在教给你的孩子一项技能时每次迈出一小步一样，在放手的过程中也要每次迈出一小步。也就是说，要逐渐减少你的支持，直到你的孩子感到有足够的能力承担起独立完成的责任。如果你的孩子犯的错误不会把他或其他人置于危险之中，就要相信错误是学习的机会。放手，能让你开始新生活，以便你能减少事无巨细地管理你的孩子的生活的时间，并有更多时间平衡你自己的生活。

如果你是一名有特殊需求的孩子的老师，放手和开始新生活这个概念对你来说在某种程度上可能会容易一些；如果你是一位的父母，考虑到有一

> 放手能让你开始新生活，以便你能减少事无巨细地管理你的孩子的生活的时间，并有更多时间平衡你自己的生活。

个特殊需求的孩子给你的生活带来的额外要求，这个概念甚至是难以想象的。对于读到这句话的特殊需求孩子的父母们（以及那些花了无数工作之外的时间来为自己的学生作规划和准备的老师们）来说，我们不是在说你应该放弃你的孩子，并且把你自己的需要置于你的孩子的需要之上。我们建议的是在你的生活中努力

实现一种平衡，以便你在照顾孩子每天的很多需求之外，为你自己留出空间。每天花 15 分钟那么点时间，做一件任何能滋养你的事情（例如，到户外散步、读一本书、听听音乐）给自己补充能量，可以提醒你照顾好自己和照顾好自己的孩子同样重要。要记住空乘人员传递的信息：如果你不戴上自己的氧气面罩，你就无法有效地照顾别人！

当你在放手的过程中考虑照顾好自己的方法时，要回想一下你在确定你对孩子希望和梦想时绘制的那张孩子的"支持网络"。你的孩子的支持网络中有人能帮助你，以便你能定期照顾自己的需求吗？当玛拉考虑能让她离开孩子得到亟需的休息时，她或许会想到那些对交换看护感兴趣的朋友们，即便只是每周一次。或许，她可以让邻居家的一个高中生每周来家里和孩子们玩一两个小时。在玛拉努力帮助她的孩子们成长和发展的过程中，如果她能创造性地找到放手和照顾好她自己的方法，她将能更好地坚持下去。

> 我们建议的是在你的生活中努力实现一种平衡，以便你在照顾孩子每天的很多需求之外，为你自己留出空间。

与孩子的错误目的相关的正面管教工具

在本章开头的故事中，阿里表现出了很多有问题的行为——尖叫、扔球、扯达莉娅的头发、边推达莉娅边尖叫。尽管这一大堆行为整体上反应出阿里"掀开了他的盖子"，但让我们暂时关注扯头发这个行为，因为这可能是最令人担心的，不仅因为这会对他的姐姐造成身体上的伤害，还因为这会招致达莉娅的强烈反应，这反过来又会引起阿里的强烈反应。

当我们开始寻找阿里和达莉娅之间的这种复杂的互动中的错

误目的时，我们可以先审视一下玛拉在阿里扯达莉娅的头发时的感受和对阿里的回应。玛拉对阿里感到很担心，并建议达莉娅为阿里做一些他本来可以学会自己做的事情（"给他一个玩具让他拿着"）。因而，当阿里扯达莉娅的头发时，他试图实现的错误目的很可能是寻求过度关注，其错误信念是："唯有被注意到或得到特别服侍时，我才是重要。"

达莉娅在头发被扯时的反应（大喊："哎呦！别扯我的头发！妈妈，阿里弄疼我了！"）在一定程度上是由于身体受到伤害而引起的无辜行为。她为此向妈妈大喊可能是一个线索，表明她这样做是出于报复这个错误目的——想让妈妈为阿里伤害了她而打他。玛拉由自己说话的语气以及对阿里需求的关注暂时超过对达莉娅需求的关注，表达出了她对达莉娅的失望，这反过来让达莉娅觉得情感受到了伤害，并按照"我认为我没有归属，所以，我感到伤心时，就要伤害别人"这个错误信念行事。出于报复这个错误目的，达莉娅朝着阿里大叫并推阿里。

玛拉可以使用哪种正面管教工具来回应每个孩子的错误目的呢？对于阿里来说，在他以有益的方式应对车上遇到的困境的过程中，上面介绍的所有工具对于他体验到归属感和价值感都是有帮助的。考虑到他的特殊需求，以下是这些工具中需要重点考虑的：**提供便利**以减少他的感官的过度反应，**避免娇纵**，以及**花时间教他**。

对于达莉娅来说，在她以有益的方式应对车上的困境时，上面介绍的所有工具都能够帮助她重新获得归属感和价值感。考虑到她的错误目的是报复，以下是这些工具中更重要的：**处理达莉娅伤心的感受并表达共情**。除了这两个工具，如果玛拉**关注解决方法而不是后果；给达莉娅创造机会发展对自己的强烈信念**（"我有能力""我能以有意义的方式做出贡献""我在自己的生活中有力量和影响力"），并**定期举行家庭会议**，让达莉娅在家庭会议上能把对弟弟的担心放在议程上，并在家庭会议上得到家人的帮助，**找到相关、相互尊重、合理和有帮助的解决方法**，对达莉娅就会很有帮助。

本章正面管教工具回顾

1. 明确你对孩子的期望和梦想。
2. 绘制你和孩子的支持网络。
3. 通过以下办法，赋予你的孩子力量：
   a. 避免娇纵。
   b. 让孩子们处境相同：
      1) 给特殊需求的孩子提供便利。
      2) 倾听所有的孩子。
      3) 给你所有的孩子体贴和共情。
      4) 给你的孩子们提供为他们的冲突找到解决办法的机会。
      5) 如果有必要，要调整与特殊需求孩子的沟通方式。
   c. 花时间教孩子。
   d. 专注于每个小步骤。
   e. 给予鼓励。
   f. 通过你的能量支持对你的孩子表现出信心。
   g. 放手，并照顾好你自己。
4. 认识到错误是学习的机会。
5. 通过让孩子参与有益的事情，转移孩子的行为。
6. 处理孩子伤心的感受。
7. 表达共情。
8. 关注解决方法，而不是后果。
9. 通过给孩子创造机会发展以下信念，鼓励孩子的长处：

a. 我有能力。

　　b. 我能以有意义的方式做出贡献。

　　c. 我在自己的生活中有力量和影响力。

10. 定期举行家庭会议。

11. 找到相关、相互尊重、合理和有帮助的解决方法。

第 13 章

综合运用：
日常生活中的正面管教

在前面的各章中，你已经看到了正面管教的原理和工具是如何运用于有特殊需求的孩子的。现在，你或许想知道如何在日常生活中运用你学到的所有知识。考虑到正面管教方法的综合性，这看上去确实像一项艰巨的任务！（在你开始之前，记住鲁道夫·德雷克斯一次又一次说过的"要有不完美的勇气。要努力追求改善，而不是完美"或许会有帮助。）

要将运用正面管教养育或教你的有特殊需求的孩子想象成一次旅行。当你准备一次旅行时，你会做什么？通常，你会做一些专门的准备，比如，收集目的地的信息和天气状况，制定一个旅行路线，并且收拾好你的衣服和需要的其他物品。一旦你开始了旅行，你要找到你喜欢的地方和活动。而且，假如你在旅途中迷了路或遇到了困难，你会准备使用随身携带的详细地图或急救箱。假如你对你的旅行有些具体的问题，你或许还要有一份要拜访或联系的人员的名单。

同样，当你开始你的正面管教之旅时，你通过了解与这一理念相关的原理和工具，让自己做好了准备。你发现了能帮助你创建一个支持你的目标和努力的家庭或教室环境的正面管教。你了解了与日常惯例和对你的孩子很重要的其他事情有关的正面管教工具。你学会了将对你与孩子每天打交道起到积极影响的正面管教的实用工具。你发现，如果你在养育孩子的过程中遇到困难，正面管教的错误目的表就是你的"详细地图"，它会为你提供具体的工具，帮助你以尊重的方式对孩子做出回应，并教给他重要的人际关系技能和自律能力。此外，你了解了增强你的支持网络的正面管教工具。通过所有这些努力，你拥有了至少90个正面管教工具，将在你以最尊重的方式教孩子的旅程中帮助你！

为你的旅行做好准备：
与你的洞察力有关的正面管教工具

在前面几章中，我们介绍了很多工具来帮助你通过正面管教的独特镜头来看待你的孩子。这些工具是你随时可以运用的，为你的洞察力奠定了一个坚实的基础。这个基础会在你每天与你的孩子互动并对其做出回应的任何时刻给你支持和见识。

以下是提高你的正面管教洞察力的工具的一个概要：

- 理解大脑。
- 明确对你的孩子的希望和梦想。

- 帮助你的孩子培养这些信念：
  - "我有能力。"
  - "我能以有意义的方式做出贡献。"
  - "我在自己的生活中有自己的力量和影响力"
  - "我有能力理解自己的感受，并且能表现出自我控制"
  - "我能以责任感、适应能力、灵活性和正直来对日常生活中的经历做出回应。"
- 了解你的孩子的独特之处。
  - 了解他的好恶。
  - 欣赏他的性情。
  - 认识到他的长处和面临的学习挑战。
- 理解你的孩子的无辜行为。
- 避免误解孩子。
- 提供便利。
- 调整沟通方式。
- 帮助其他人提高对你的孩子的期望。
- 教给其他人：
  - 与你的孩子的残疾有关的专业干预方法。
  - 与你的孩子的错误目的行为相关的正面管教工具。
- 照顾好你自己。

了解你的环境：
改善你的正面管教环境的工具

要运用下面这些工具，创造一个支持正面管教的家庭或学校环境：

- **选择一个合适的会议空间。**确定一个家庭会议的空间或一个班会的区域，以及能促进面对面地沟通与合作的椅子摆放方式。

- **创建一个积极暂停的空间。**让你的孩子或学生们参与创建一个积极暂停的区域，里面放置可以有助于自我平静下来的物品（例如，豆袋椅、毯子和握力球），以及你的孩子自己选择的有助于他感觉好起来的物品。还要有一些慰藉物品，可以在无法让你的孩子去暂停区时提供给他（例如，你和你的孩子正在车上，或者，如果你的孩子非常生气，并且无论去任何地方，即使是去一个为他创建的积极暂停区，都会让他更生气）。

- **张贴有帮助并鼓舞人心的资料。**在你的家里或教室里显眼的地方悬挂既能当作你的资料又能鼓励你的招贴。包括以下物品：错误目的表、你的希望和梦想清单，以及你制作的包含正面管教理念的鼓舞人心的招贴画。这些招贴可以用常见的纸张，上面用大号字体写上一些话，你可以贴在家里或教室里的合适位置（例如，当你对孩子进行如厕训练时，可以把"花时间教孩子"贴在你的卫生间里）。

- **调整沟通方式。**要给你的孩子提供视觉化的沟通方式，提高他吸收信息以及表达他的感受、想法以及决定的独立性。这些视觉化的方式包括：感受图片、视觉化的日程表和惯例表、选择板、选择轮、愤怒选择轮和一份家务表。

制订一个旅行路线：
促进日常活动的正面管教工具

日程表增强了孩子们对每天将要发生的事情的可预测感。可视化日程表和惯例表的运用会帮助孩子们培养更强的独立性，因为他们学会了更多地依靠日程表或惯例表来获取信息，并更少地依赖大人告诉他什么时候做什么事情。要运用以下正面管教工具来帮助你的孩子了解家里或学校中将会发生什么事情，以及如何为他们在家里和学校里的活动承担更大的责任。

·**帮助你的孩子通过惯例学习**。要创建惯例表，如果有可能的话，要让你的孩子参与。惯例表通常要按顺序列出应该做的事情。根据你的孩子的理解水平，要在惯例表中使用以下一种或多种方式来代表惯例中的步骤：文字、线条画、照片和实物。视觉化日程表既可以为孩子的上学日（从到校到放学）创建，也可以为孩子在家里的活动（从早上醒来到晚上睡觉）创建，或者为作为每天日程的一部分的每个惯例活动创建。尽管并不是每个时刻的活动都要视觉化，但是，知道如果你需要就可以随时运用这些工具并且很容易制作是有帮助的。

在家里的惯例或许包括就餐时间、就寝时间、穿衣服、上厕所、做家务和特别时光。在学校的惯例或许包括到校、分组学习、个别学习、午餐时间、个人卫生、休息时间、集会和放学。

·**在家庭和学校外出时帮助你的孩子**。日常惯例之外的旅行，可能需要为你的有特殊需求的孩子单独准备。一份打印或者画出来的购物清单，在购物时放在购物车中，能帮助你的孩子在商场这样一种对他的感官有强烈刺激的环境中集中精力（并做出贡献）。几张你和孩子即将去拜访的亲戚或朋友的照片，将有助于他了解一次驾车出行的目的。一些关于在医院或牙科诊所进行定期检查时将会的发生的事情的图片，可能会减少你的孩子的恐惧。

在家庭会议或班会上，通过使用一个有文字或可能去的目的地照片的一个选择板，就可以和你的孩子一起计划一些有趣的活动。在一次休闲或教育旅行之前，或者在此期间，你可以提供可视化信息（图片或印刷体文字），帮助你的孩子理解活动的先后顺序，并做出选择或说出他的体验。一块便携式白板和一支记号笔是可以随身携带的便携式工具，以便在需要的时候将你向孩子和孩子向你沟通的信息以视觉化方式显示出来。

- **在转换活动时支持你的孩子。** 对于一些有特殊需求的孩子们来说，两个活动之间的"间隔"对他们的自我管理具有挑战性，或者离开一个喜欢的活动会非常困难。如果你知道你的孩子在转换活动时有困难，就要在活动出现改变时随时鼓励他，并且，如果结束一个活动让你的孩子不开心，就要向他表达共情。要记住：表达共情意味着你了解你的孩子对结束一个活动的感受，而不是不结束这个活动。

时间，是你支持你的孩子度过活动之间的转换的另一个重要因素。在围绕着转换而产生的权力之争和冲突中，一个常见的因素是父母和老师们太仓促，没有给孩子做出改变留出所需要的时间。孩子们或许愿意去做父母或老师要求他们做的事情——但要按照他们自己的步调，如果大人要求转变立刻、马上就发生，就会出现问题。

如果你要向你的孩子提出一个转换的要求，在可能的时候，要在这个转换发生之前提出来。这会给你和你的孩子商量并达成妥协留出时间。"我们需要马上离开"是一个没有给孩子留下商量或选择余地的要求。但是，"我们需要在十分钟之后离开"给了孩子一定程度的选择。他们可以决定是马上做好离开的准备，进而有一点额外的时间，还是在做好准备并离开前继续做几分钟他们之前做的事情。

通过体贴你的孩子在转换前需要时间，并通过留出商量和妥协的余地，你就能表明你的耐心和灵活性，并作出榜样。所以，要避免那些让你的孩子只能采取一个行动方案的情形。显然，这并不总是可能的，但在很多情况下是可能的。如果你要在四点钟离开，并且你知道如果到了时间再告诉你的孩子会让他烦恼，就要在 3:45 或 3:50 告诉他，而不是在四点整。这会给你时间做到耐心并给孩子提供便利（如果需要的话），并且避免了你的孩子在这件事情上没有选择。

如果你的孩子对于预先知道他这一天中接下来要发生什么事情感觉更舒服，你的提前告知，再加上沟通方式的调整，将帮助你的孩子转换得更顺利。一种代表这个转换的沟通方式调整，一张来自孩子的日程表的图片，或一个计时器，对于帮助你的孩子预期到这个转变以及耐心而及时地传递这个信息也是非常有用的。一些孩子喜欢有一个能放在他们的口袋里的小计时器，在离开前或转换活动前 1 分钟会"叮铃铃"响，如果这意味着他们此时能过来告诉你到转换活动的时间了，他们会更喜欢。

为旅行准备实用物品：
与你和孩子的互动方式相关的正面管教工具

在你的正面管教之旅中，需要携带的实用物品中包括与你和孩子的总体互动方式有关的工具。这些你每天都能使用的工具，既能增强你和孩子的情感联结，又能帮助你教给孩子重要的人际关系的特点以及人生技能。尽管只有少数工具要求你的孩子具备相当于至少三岁孩子的理解力和使用口头语言的能力，但所有工具都可以进行调整或增强，让你的孩子能更好地理解你教给他的事情并从中受益。

　　沟通调整是看得见或摸得着的道具（图片、照片、图画、印刷体文字、盲文或实物），能让你用来帮助你的孩子理解与一个正面管教工具有关的语言的概念。例如，一个用魔术贴粘着几张可供选择的玩具图片的圆板，可以用来作为给一些孩子一种与"有限制的选择"这个工具有关的沟通调整。非语言沟通的强化，就是面部表情、手势、身体语言和/或音量和语气，能让你用来增强你的孩子对与一个正面管教工具有关的含义的理解。例如，蹲下来与你的孩子平视，是对"在纠正之前先建立情感联结"这个工具的非语言沟通的强化。无论是沟通调整，还是非语言沟通的强化，都有助于你的特殊需求孩子理解正面管教工具，并对你的孩子积极参与问题的解决和学习的能力提供支持。

> 无论是沟通调整，还是非语言沟通的强化，都有助于你的特殊需求孩子理解正面管教工具，并对你的孩子积极参与问题的解决和学习的能力提供支持。

　　下面这张表显示的是与你的正面管教互动方式有关的每一个工具的沟通调整：

正面管教工具	沟通调整
拥抱	"拥抱"的图片和/或印刷体文字
鼓励	描述你的孩子的有益行为的图片和/或印刷体文字；表达感激的图片和/或印刷体文字
花时间教孩子	显示一项任务的各个步骤的图片和/或印刷体文字
解决问题	有图片和/或印刷体文字的选择板或干擦板；列出解决问题的方法的干擦板
约定	列出解决问题方法的干擦板；有具体约定内容的图片和/或印刷体文字
犯错误	与共情的话语相应的感受图片；提供解决方法并带有图片和/或文字的干擦板

综合运用：日常生活中的正面管教

正面管教工具	沟通调整
双赢的解决办法	说明预计还有多少时间的数字板或计时器；带图片和/或文字的顺序板
和善与坚定并行	带有"我爱你，而且＿＿＿"图片和/或文字的展示板；顺序板
镜子	显示你看到了什么的图片和/或印刷体文字
反射式倾听	显示你听到了什么的图片和/或印刷体文字
认可感受/共情	感受图片和/或文字
赞扬	表示感激的图片和/或印刷体文字
幽默感	感受图片和/或文字
赢得合作	感受图片和/或文字；用来分享经验和用头脑风暴想出解决方法的白板
作贡献的机会	白板或工作表，带有图片和/或文字
转移注意力和转移孩子的行为	带图片和/或文字的选择板
关注孩子的长处	与孩子的长处/天赋相关的描摹或照片，带图片和/或文字
着眼于兴趣	选择板，上面有代表兴趣的图片和/或文字
惯例	惯例表和日程表板，上面有图片和/或文字
限制电子屏幕时间	日程表板，带有图片和/或文字；计时器
特别时光	带选择板的"特别时光"图片或照片
工作	工作表，带有图片和/或文字；工作步骤图
家庭/班级会议	家庭日历；选择板；分享头脑风暴解决方法的白板，带有图片和/或文字

下面这张表显示的，是与你的正面管教互动方式相关的每一种工具的非语言沟通的强化的例子：

正面管教工具	非语言沟通的强化
给予关注	面向孩子；通过面部表情和语气表达你的兴趣
鼓励	面向孩子；双臂张开，不要交叉；使用乐观的语气
错误是学习的机会	用双手/双臂做出"哎哟"的姿势；通过面部表情和语气表达关爱和担心；用柔和的音量
控制自己的行为	放松身体；放慢动作；深呼吸；用手势承认自己盖子掀开了/冷静；用柔和的音量和语气

正面管教工具	非语言沟通的强化
和善与坚定并行	保持坚定、不让步的站姿；通过面部表情表达共情；使用平和的语气和柔和的音量
反射式倾听	面向孩子；通过面部表情和语气表达关爱和担心；
亲密倾听	坐或站在孩子身边；不要问问题
不止用耳朵"倾听"	使用所有感官"读懂"孩子；面向并观察孩子；近距离感受孩子身体、体温的变化
在纠正之前先建立情感联结	面向孩子；身体保持在与孩子平视的高度；双臂张开，不要交叉；通过面部表情和语气表达关爱；用柔和的音量
启发式问题	通过面部表情和语气表现出兴趣
纠正错误的3个R：认可、和好和解决	面向孩子；身体保持在与孩子平视的高度；双臂张开，不是交叉；通过面部表情和语气表达关爱和担心；音量柔和
做出弥补	改变身体语言、面部表情、音量和语气，以体现对孩子的爱和关心
不骄纵孩子	面向孩子；等待、观察并感受部分或完全独立的迹象；用乐观的语气
喜欢你的孩子	通过面部表情、语气和音量表达你的喜爱
进入孩子的世界	面向孩子；身体保持在与孩子平视的高度；双臂张开，不要交叉；通过表情和语气映射孩子的感受
建立信任	面向孩子；身体保持在与孩子平视的高度；双臂张开，不要交叉；通过表情和语气表达关爱和担心；
为你想要的互动做出榜样	通过肢体语言、表情、音量和语气表达爱和关心的感觉
提供能量支持	通过面部表情和语气表达关爱和担心；用温和的声音；观察并等待改善的迹象
拥抱	面向孩子；双臂张开，不要交叉；通过表情和语气表达爱
幽默感	通过表情、语气和大笑表达你的快乐

尽管运用上述沟通调整和非语言沟通的强化对你的特殊需求的孩子有帮助，但我们已经发现，所有的孩子都能从与非语言沟通的调整相一致的正面管教工具中受益。也就是说，身体语言、面部表情、音调和语气很重要。此外，很多孩子，尤其是学步期

的孩子、幼儿园的孩子以及小学低年级的孩子，都能从给小孩子的照片和图片，给大一点的孩子印刷体文字形式的沟通调整中获益。

在这里，要补充一个关于非语言沟通的重要注意事项。当你与你的孩子互动时，如果不注意你的微妙的——以及有时候不那么微妙的——非语言信息，会有招致你的孩子做出错误目的行为的风险。例如，在问启发式问题时，你的语气和面部表情反映出你对你的孩子想出解决问题办法的能力的真正兴趣，是极其重要的。以一种命令、审问的语气（希望得到你预设的答案）问一个启发式问题，可能会让孩子感到困惑或威胁，并导致他通过寻求权力来支撑自己的归属感和价值感。（再举个例子，想一想"你刚才在想什么？"这个问题，并想一想它会怎样随着你问的方式的不同而会有不同的理解。）

遇到困难时有帮助的重要物品：
与教孩子自律和人际关系技能相关的
正面管教工具

正如我们在前面各章表明的，作为父母或老师，当你的孩子做出让你担心的行为时，你要做出的一个最重要的决定是，这个行为是无辜行为还是错误目的行为。如果你的孩子的行为是无辜的，是他的特殊疾病或发育水平或与医学相关的原因造成的，你就要决定教他什么以及如何提供治疗，以了解并解决这种行为。此外，要想一想怎样避免误解这个行为。（避免误解的一个方法是自己制作一份清单，列出你的特殊需求孩子的特有行为）。要继续运用上面介绍的正面管教工具，以便使你的思考方式、你的孩子的环境、你的孩子的日常活动以及你的互动方式都能支持你的孩子以负责任的、尊重的方式行事的努力。

如果你确定你的孩子的行为是错误目的行为，就要用错误目的表来破译他行为背后的密码。除了上述互动方式的工具外，在对与你的孩子的错误目的相关的具体行为作出回应时，你可以用下面两张表中列出的工具。与正面管教工具相关的沟通调整和非语言沟通的强化的例子如下表所示。

> 你要做出的一个最重要的决定是，这个行为是无辜行为还是错误目的行为。

正面管教工具	非语言沟通
教给孩子做什么	有图片和/或文字的惯例表或日程表
小步骤	有图片和/或文字的惯例表
一个词	图片和/或印刷体文字
有限制的选择	有图片和/或文字的选择板或干擦板
自然后果和逻辑后果	有图片和/或印刷体文字的顺序板（first-then board）
关注解决方案	记录解决方案的干擦板
坚持到底	通过图片和/或印刷体的文字重现视觉信息
让孩子们处境相同	有图片和/或文字的选择板或干擦板
为孩子提供成功的机会	惯例表、选择板以及干擦板上的图片和/或文字
寻求帮助	表示"请帮助我"的图片和/或印刷体文字
努力改善，而不是追求完美	显示你观察到的事情的图片和/或印刷体文字
尊重地设立界限	说明时间限制的定时器或数字板；选择板或干擦板上的图片和/或文字
让孩子有机会建设性地运用权力	选择板或干擦板上的图片和/或文字
将注意力转向积极的权力	选择板或干擦板上的图片和/或文字；顺序板
参与有益的事情	惯例表、选择板或白板上的图片和/或文字
当你的孩子学习新技能时，允许失望/沮丧	感受图片和/或印刷体文字

综合运用：日常生活中的正面管教

正面管教工具	非语言沟通
选择轮	干擦板；圆形图上的图片和/或文字
愤怒选择轮	感受图片和/或印刷体文字；干擦板；圆形图上的图片和/或文字
积极的暂停	感受图片和/或文字；暂停区的图片和/或文字

正面管教工具	非语言沟通的强化
教给孩子怎么做	示范尊重的互动方式
表达信任	通过面部表情和语气表达你对孩子的信心
不要放弃你的孩子	通过面部表情和语气表达关爱和担心
放手	退后；观察
只做，不说	面部表情平和地采取行动
决定你要做什么	面部表情平和地采取行动
坚持到底	面对孩子；身体保持在与孩子平视的高度；双臂张开，不要交叉；面部表情平和地观察孩子；音量保持在正常水平
爱的信息	面对孩子；身体保持在与孩子平视的高度；双臂张开，不要交叉；通过表情和语气表达关爱；减弱音量
寻求帮助	面对孩子；身体保持在与孩子平视的高度；双臂张开，不要交叉；用平和的语气
避免惩罚和报复	放松身体；放慢动作；深呼吸；减弱音量和语气
尊重地设立界限	面对孩子；身体保持在与孩子平视的高度；双臂张开，不要交叉；用平和的语气
避免权力之争	如果有可能，离开现场，或者保持你的身体动作、面部表情和语气冷静而平和；将音量保持在柔和至正常的范围
不要战斗，也不要让步	保持你的身体动作、面部表情以及语气冷静而平和；将音量保持在柔和至正常的范围
不要强迫你的孩子	放松身体；放慢动作；深呼吸；减弱音量和语气
从冲突中撤出	如果有可能，离开现场，或者保持你的身体动作、面部表情和语气冷静而平和；将音量保持在柔和至正常的范围
在学习新技能时，允许失望/沮丧	面对孩子；身体保持在与孩子平视的高度；双臂张开，不要交叉；通过面部表情和语气表达关爱和担心；减弱音量
积极的暂停	面对孩子；身体保持在与孩子平视的高度；双臂张开，不要交叉；通过面部表情和语气表达关爱；用温和的声音
努力改善，而不是追求完美	面对孩子；通过面部表情和语气表达兴趣和关爱

为你的旅程提供帮助的资源网络：
加强你的支持网络的正面管教工具

每周的家庭会议或班会是你能用来为你和你的孩子建立一个支持网络的最重要的工具之一。在这种持续而可预期的鼓舞人心的经历中，尊重并支持每个人都提出自己关切的事情，并努力寻求双赢的解决办法，它产生的归属感和价值感怎么说都不为过。

如果你是一位老师，你还可以运用"成功班会的八大要素"。这八大要素包括：

1. 围成一个圆圈
2. 进行致谢和感激
3. 制定并使用一个议程
4. 培养沟通技巧
5. 了解每个人都是一个独立的存在
6. 通过角色扮演和头脑风暴解决问题
7. 分辨人们之所以做一件事情的理由
8. 专注于非惩罚的解决方法

这八大要素在《教室里的正面管教》[1]中有更详细的介绍。当你的孩子们开始学习成功班会的步骤时，他们就能形成重要的人际关系技能、提高社会兴趣并增强有助于找到对整个群体都有利的解决方法的能力。尽管有些孩子由于发育水平或特殊疾病的

---

[1] Positiue Discipline in the Classroom，中文译名为《教室里的正面管教》，北京联合出版公司，2014年5月第一版。——译者注

原因，学习较高级的要素（第5~8项）的能力会受到限制，但随着他们对前几大要素（第1~4项）的定期接触，他们也能够开始培养社会兴趣以及有用的社会技能。

在第12章，我们介绍了一种用视觉化的形式绘制你的孩子的支持网络的方法。如果你处在一个学校的环境中，要确保将其他教职员工和学生纳入你的孩子们的支持网络中，即便你的孩子们与这些人的接触有限。你的孩子归属于他就读的学校，学校里的教职员工和其他学生对他们的欢迎是很有帮助的。如果你的孩子们的支持网络扩大到班级以外的其他孩子们，他们在操场上或学校餐厅里和其他孩子建立人际关系的可能性就会大大提高。如果你孩子们的支持网络延伸至学校里的其他教职员工，你的孩子们的需求被纳入学校员工议程（例如，与进入教学楼里的某些地方或受邀参加学校的特殊活动相关的需要）的可能性就会大大提高。

最后，当你在正面管教之旅中前行时，你可以通过多种方式得到对你的支持。具有资质的正面管教导师、正面管教候选导师、正面管教家长讲师、学校讲师在美国各地和加拿大、墨西哥、哥伦比亚、法国、匈牙利、约旦、塞浦路斯和中国的部分地区授课并举办研讨班。正面管教协会（www.positivediscipline.org）网站上有一份受过训练的人员名单，你可以找到他们所提供的培训的信息。此外，本书的第一作者简·尼尔森创建了数个很有用的网站，你可以获得正面管教的重要信息（www.positivediscipline.com）。你会在免费的正面管教社交网站（www.positivediscipline.ning.com）上获得鼓励和支持，这里有多个讨论小组，包括一个"特殊需求孩子的正面管教"小组。在该网站上，父母和老师们提出了很多重要问题，并参与关于如何对儿童和十几岁的孩子进行正面管教的有意义的讨论。

对你的正面管教之旅的鼓励

现在，你可能想知道，通过整合这本书中讲过的所有工具，是否有可能成功地养育或教你的有特殊需求的孩子。我们可以很有信心地说：是的。我们也完全承认，这是一个持续的过程，既要理解正面管教的原理，又要培养并应用必要的技能，以便运用我们介绍过的所有工具有效地教给你的有特殊需求的孩子宝贵的品质和人生技能。

当你回顾自己读过的内容时，可能会感到气馁，而且你可能确实想知道如何才能记住所有这些原理和工具，更不用说运用了。你没有必要也不可能全部记住它们。在追求你给你的孩子设立的目标的过程中，你将不可避免地犯错误，你的孩子也一样。通过以尊严和尊重的方式相互对待，你们就能从自己的错误中学习。请记住，要有不完美的勇气。你是一个父母或老师，而不是圣人。要避免在你犯错误时痛责自己。要从错误中学习，并重新出发。

我们撰写本书的希望，是向你提供一个思考如何养育或教你的有特殊需求孩子的框架，而不只是管理你的孩子。我们介绍的部分工具可能看上去与你直接相关，这是你可能会最先尝试的。要将这本书作为一个参考以及一种可以反复利用的资源。正如一件伟大的艺术作品一样，正面管教框架的不同方面会在不同时期凸显出来。

在使用我们介绍的各种工具时，如果你理解这些工具背后的原理，而不只是将它们当成技巧，你的获益将会最大。当你理解了原理时，将其融入你的内心，并运用你的内在智慧，你将会发现运用它的很多独特方式。要信任你自己，并信任你的孩子。这就是最好的工具。

结　语

我们相信，你的有特殊需求的孩子有能力积极成长和改变。在你的正面管教之旅中，有了着眼于长期的思考方式和一套综合的工具，你的孩子就能够培养出一种为自己的人生承担起责任的越来越强的能力。在这个过程中，他们会与自己的家里、学校里和群体里的重要的人建立起深入的、让人满意的以及合作的关系。

在你将正面管教的原理融入内心并运用你的内在智慧，将你所学的所有知识运用在你的孩子身上的过程中，你可能想知道如何将这种理念融入到由为特殊需求孩子服务的专业群体构成的"大局"中，以及如何评估他们的方法的效果。我们在整本书中一直在强调，正面管教是一种以人际关系为基础的方法，是通过增强孩子们在家里和学校里的归属感和价值感，来帮助他们培养宝贵的品质和人生技能。因此，这与普通教育和特殊教育领域的两个重要趋势非常一致。

第一个趋势是特殊需求孩子的教育计划中的家庭参与[①]。父母和其他家庭成员不仅被鼓励参与制订孩子的早期干预与特殊教

---

① 研究表明家庭参与对孩子在学校的成绩有很大的影响。当家庭参与到他们孩子的教育中时，孩子能取得更好的成绩，并在考试中获得更高的分数，更加能按时上学，完成更多的家庭作业，表现出更积极的态度和行为，从高中毕业的比率也越高，并且比家庭参与少的孩子更可能进入高等学校深造。基于这些原因，在教育中，提高家庭参与是学校，特别是那些为低收入或其他面临失败危险的学生服务的学校的一个重要目标。——译者注

育计划,而且被鼓励与学校教职人员一起在家里和群体中教给他们的孩子重要的社会行为和人生技能。对于父母们来说,帮助有特殊需求孩子培养这些有用技能的最有效的互动方式是什么呢?在全面回顾了养育方式对儿童发展的影响之后,正面管教协会的一位高级导师周美薇(Jody McVittie)强调,可信任的养育方式对于提高儿童和十几岁孩子的学业成绩,以及减少他们不安全的社会交往行为是最有效的。正面管教教给父母一种可信任的养育方式,一种和善而坚定并在设定清晰的界限时支持父母与孩子的情感联结的养育方式,这正是有特殊需求的孩子的父母们可以用来帮助他们的孩子培养从长远看对社会负责任的行为的那种方法。

普通教育和特殊教育领域的第二个趋势,是学校课程中越来越强调社会情感学习[1]。关于社会情感学习对于特殊需求孩子提高人际交往技能并增强他们的认知能力的重要性,斯坦利·格林斯潘教授已经做了全面介绍。正面管教极其强调帮助孩子学习社会情感技能来应对日常生活中的个人和人际关系挑战,这正是能够帮助特殊需求的孩子成为所在群体中有联结且负责任的成员的

---

[1] Social-Emotional Learning,简称 SEL,社会情感教学。是由戈尔曼(Daniel Goleman)和格罗沃尔德(Eileen Rockefeller Growald)1994 年创建的美国芝加哥伊利诺伊大学的非营利组织"学术、社会和情感学习"(Collaborative for Academic,Social,and Emotional Learning,简称 CASEL)发起,旨在将 SEL 列为覆盖从幼儿园到高中的各个年级的学校教育必修课程,提升学生的社会技能和情绪情感方面的能力,使学生掌握不可或缺的生活技能,以实现促进学生在学校及未来社会生活中获得成功为目标的一项教育改革运动。2002 年,联合国教科文组织向全球 140 个国家的教育部发布了实施 SEL 的十大基本原则,开始在全球范围推广 SEL 项目,取得了良好的效果和广泛的影响。2003 年 CASEL 提出了社会情感学习的五项核心技能,即自我意识(Self-awarness)、自我管理(Self-mangagement)、社会意识(Social Awareness)、人际关系技能(Relationship Skills)和负责任的决策(Responsible Decision-making),并将其愿景归结为家庭、学校和社区共同为孩子的健康发展提供支持;所有的孩子都成为终身学习者,有自我意识和共情能力,与他人紧密联系,是负责任的决策者;每个孩子都能够发挥自己最大的潜能,积极地、建设性地参与到民主社会中。——译者注

方法。

  2001年，我们在美国西部俄勒冈州的一个大县——克拉卡马斯县播下了正面管教的"种子"，现在，这个县有特殊需求的孩子使用正面管教（强调家庭参与和社会情感学习）产生有益效果的报告正不断增加。该县的早期干预和早期儿童特殊教育中心每年为至少1000名有特殊需求的孩子提供服务，许多父母和大部分的教育工作者学习了正面管教方法。过去八年里，父母和老师们都有与他们的特殊需求孩子成功相处的报告。即使是发育障碍最严重的孩子们，也可以通过正面管教得到帮助，他们的父母和老师们已经有效地应用了本书中的许多工具。

  正如我们在本书引言中分享的，在一次针对有特殊需求孩子的正面管教研讨会结束时，一位母亲来到我们面前，眼里闪着泪花说："所有早期介入治疗者都让我控制我的儿子。你们告诉我，我可以养育他。"她的话让我们非常感动。我们希望，你能享受养育和教你的有特殊需求的宝贝孩子的过程。

简的致谢

我的致谢很简短——感谢史蒂文和艾琳。我对特殊教育领域并不很在行,然而,当艾琳和史蒂文分享他们对有特殊需求的孩子以及他们的父母和老师们运用正面管教的理念和工具取得的成功时,我非常兴奋。我立即建议他们写出来——我知道,他们学到的东西会帮助并鼓励其他人。我的这种信念在他们第一次参加了正面管教协会年度智库研讨会之后更加坚定了,当时,阿伊莎·蒲柏(Aisha Pope)走到他们面前,眼里闪着泪花说:"你们教给我要养育我的孩子,而不只是控制他。"

从根本上来说,是史蒂文和艾琳写了这本书。我们达成的一致是,他们会将第一本正面管教书籍中的理念和工具赋予新的用途,来说明它们对有特殊需求的孩子是多么有效。然后,我会"简"一下——意思是说我会看看是否需要补充些什么。他们的著作是如此精美,以至于我需要补充的内容很少。

然后,我要感谢内特·罗伯森(Nate Roberson)。每一个作者都会希望有一位像内特这样有求必应、乐于助人并善于鼓励别人的编辑。内特赞同我对这一精美著作的看法,在读完原稿后,只提出了三点修改建议。

正面管教是以阿尔弗雷德·阿德勒和鲁道夫·德雷克斯的理念和著作为基础的,他们坚定地告诉我们,所有人都应该得到尊严和尊重的对待。我非常感谢艾琳和史蒂文,他们看到了如何尊严和尊重地对待有特殊需求的孩子。

史蒂文的致谢

我曾多次读到过，任何一位作者都是站在前人肩膀上的。现在，我知道这是千真万确的。我要感谢简·尼尔森，是她让阿德勒和德雷克斯栩栩如生地呈现在我的面前，并充满信任地邀请我加入这个项目。周美薇（Jody McVittie）让我知道了阿德勒的理论总是可能有更深入的理解，并鼓励我坚持这么做。艾琳·拉斐尔是一位非凡的写作伙伴和合作者；她是"纠正之前先联结"的鲜活化身。内特·罗伯森，我们的编辑，与我们分享了宝贵的见解，使我能用不同的方式审视我们的素材（他真的需要停止说他不是作者！）。珍妮特·多尔蒂·史密斯（Janet Dougherty Smith），刚退休的克拉卡马斯县教育服务区早期儿童部的一名有远见的主管，看到了在我们的项目中引入正面管教的价值，并支持我促成此事。最后，要感谢那些我有幸和他们一起工作、玩耍的孩子和家庭。说到底，他们一直是我真正的老师。

艾琳的致谢

在写这本书的过程中,我常常想起我五年级的老师穆兰斯基女士(Miss Muransky),在芝加哥寒冷的冬日里,她在放学后花了无数时间和我一起编辑我开始写的推理小说。她是第一位认可我的创造性潜能并鼓励我通过写自己非常感兴趣的主题来表达的老师。她教给我的,不仅是写作的技巧,还教给我写作的本质和灵魂。我真的很感激。

此外,在写作本书的整个过程中,还有几位重要的老师给我提供了支持的反馈。我希望感谢两位极具创造力的合著者,简·尼尔森和史蒂文·福斯特,以及业务精湛的编辑内特·罗伯森。他们有见地的建议对于我清晰地呈现所写的章节是极其有帮助的。

我还要感谢正面管教高级导师周美薇博士和简·维德·泊莫兰兹(Jane Weed Pomerantz)。通过他们鼓舞人心的授课,我开始充分理解阿德勒的理论和实践所蕴含的智慧。

我的那些伟大的老师,还包括在克拉卡马斯教育服务区的早期儿童项目的多年工作期间,我有幸与之打交道的孩子们、父母们、专家们、教育助理们以及项目协调员们。因而,自闭症专家帕蒂·宾德(Patty Binder)和早期儿童自闭症团队的其他成员具有献身精神并鼓舞人心的工作,影响了我的写作;我还要感谢我服务过的孩子们的家庭成员,他们热心而充满关爱;还要感谢那些年幼的孩子们,"我的孩子们",他们教会了我怎么帮助他们学习。

最后，我要向我的丈夫瑞威德（Ravid）表达我最深的谢意，他教会我专注、平衡以及兼顾工作与娱乐的价值；还要感谢我的女儿蕾拉（Leila），她通过她的行动教会我如何真正地服务同胞。

附　录

赞扬与鼓励			
赞扬	例子	鼓励	例子
刺激对抗和竞争	你画的日落是班上最好的。	激励合作和对群体的贡献	你帮莎拉混合了她画日落图的颜料。
关注表现	你又打了一个本垒打！	关注努力和喜悦的程度	你击球时是那么专注。
是评价和判断性的；当时感觉良好	好孩子！	很少或不会评价人或行为：鼓励自我评价	你一直努力地拼图，直到全部拼好。
培养以牺牲别人为代价的自私	你学会写自己的名字比别人都早。	培养不伤害别人的利己主义	你那么快就学会了写名字。
强调对人的总体评价	你总是那么干净整洁。	强调具体的贡献	这个房间看上去很整洁，因为你把书架收拾整齐了。
听起来不错，但会让孩子厌恶适当的冒险（如果我失败了怎么办？）	又拿了A！我真为你感到骄傲！	激励孩子尝试（我想知道自己能不能做到。）	您的努力得到了回报。
培养对失败的恐惧	你那首歌唱得太完美了。	培养接受不完美	这首歌很难学，但你一直在尝试！
培养依赖性	你完全正确！	培养自立和独立	告诉我你怎么做到的。
将接受者的价值与行为/才能联系起来	我真骄傲你能跳得这么好。	不让行为/才能来定义孩子	我真的喜欢看你跳舞。
往往不具体	你真好。	是具体的	你分享了你的蜡笔。
往往不真实	干得好！（尤其是表现平平时）	是真实的	感谢你摆餐具。给我讲讲你的图片。
强调取悦他人	我喜欢你的裙子。	关注孩子的兴趣和感受	你的礼服上面有黄色的花朵，我知道你多么喜欢黄色！

本书的作者感谢约翰·泰勒（John Taylor）关于赞扬和鼓励重要区别的著作。该表中的部分内容直接摘录于他的著作；见http://www.noogenesis.com/ malama/encouragemcnt.html.。这个贡献出现于1978年，它是如此重要，以至于被德雷克斯在他的作品中引用。从那时到现在，简·尼尔森和琳·洛特以及许多其他正面管教从业者一直在努力，虽然常常没有被提到名字，但他们的贡献难以计数。我们把这个表格收录在书中，谨向约翰·泰勒以及许多后来的贡献者表示致敬。

这个表中鼓励的例子只是写在纸上的话语。正如我们在本书其他地方所建议的，说话的语气很重要。孩子们通常都知道我们什么时候是真诚的，什么时候不是。与真诚的语气相伴的，应该是进入孩子的世界并从他或她的角度看这个世界的真诚愿望。

《孩子，把你的手给我》

与孩子实现真正有效沟通的方法

畅销美国 500 多万册的教子经典，以 31 种语言畅销全世界
彻底改变父母与孩子沟通方式的巨著

本书自 2004 年 9 月由京华出版社自美国引进以来，仅依靠父母和老师的口口相传，就一直高居当当网、卓越网的排行榜。

吉诺特先生是心理学博士、临床心理学家、儿童心理学家、儿科医生；纽约大学研究生院兼职心理学教授、艾德尔菲大学博士后。吉诺特博士的一生并不长，他将其短短的一生致力于儿童心理的研究以及对父母和教师的教育。

父母和孩子之间充满了无休止的小麻烦、阶段性的冲突，以及突如其来的危机……我们相信，只有心理不正常的父母才会做出伤害孩子的反应。但是，不幸的是，即使是那些爱孩子的、为了孩子好的父母也会责备、羞辱、谴责、嘲笑、威胁、收买、惩罚孩子，给孩子定性，或者对孩子唠叨说教……当父母遇到需要具体方法解决具体问题时，那些陈词滥调，像"给孩子更多的爱"、"给她更多关注"或者"给他更多时间"是毫无帮助的。

多年来，我们一直在与父母和孩子打交道，有时是以个人的形式，有时是以指导小组的形式，有时以养育讲习班的形式。这本书就是这些经验的结晶。这是一个实用的指南，给所有面临日常状况和精神难题的父母提供具体的建议和可取的解决方法。

——摘自《孩子，把你的手给我》一书的"引言"

[美]海姆·G·吉诺特 著
京华出版社出版
定价：24.00 元

《孩子，把你的手给我（Ⅱ）》

与十几岁孩子实现真正有效沟通的方法

《孩子，把你的手给我》作者的又一部巨著
彻底改变父母与十几岁孩子的沟通方式

本书是海姆·G·吉诺特博士的又一部经典著作，连续高踞《纽约时报》畅销书排行榜 25 周，并被翻译成 31 种语言畅销全球，是父母与十几岁孩子实现真正有效沟通的圣经。

十几岁是一个骚动而混乱、充满压力和风暴的时期，孩子注定会反抗权威和习俗——父母的帮助会被怨恨，指导会被拒绝，关注会被当成攻击。海姆·G·吉诺特博士就如何对十几岁的孩子提供帮助、指导、与孩子沟通提供了详细、有效、具体、可行的方法。

[美]海姆·G·吉诺特 著
张雪兰 译
京华出版社 中央编译出版社
定价：21.00 元

《孩子，把你的手给我（Ⅲ）》

老师与学生实现真正有效沟通的方法

《孩子，把你的手给我》作者最后一部经典巨著
以31种语言畅销全球
彻底改变老师与学生的沟通方式
美国父母和教师协会推荐读物

本书是海姆·G·吉诺特博士的最后一部经典著作，彻底改变了老师与学生的沟通方式，是美国父母和教师协会推荐给全美教师和父母的读物。

老师如何与学生沟通，具有决定性的重要意义。老师们需要具体的技巧，以便有效而人性化地处理教学中随时都会出现的事情——令人烦恼的小事、日常的冲突和突然的危机。在出现问题时，理论是没有用的，有用的只有技巧，如何获得这些技巧来改善教学状况和课堂生活就是本书的主要内容。

书中所讲述的沟通技巧，不仅适用于老师与学生、家长与孩子之间的交流，而且也可以灵活运用于所有的人际交往中，是一种普遍适用的沟通技巧。

[美]海姆·G·吉诺特 著
张雪兰 译
京华出版社　中央编译出版社
定价：27.00元

《从出生到3岁》

婴幼儿能力发展与早期教育权威指南

畅销全球数百万册，被翻译成11种语言

没有任何问题比人的素质问题更加重要，而一个孩子出生后头3年的经历对于其基本人格的形成有着无可替代的影响……本书是唯一一本完全基于对家庭环境中的婴幼儿及其父母的直接研究而写成的，也是惟一一本经过大量实践检验的经典。本书将0~3岁分为7个阶段，对婴幼儿在每一个阶段的发展特点和父母应该怎样做以及不应该做什么进行了详细的介绍。

本书第一版问世于1975年，一经出版，就立即成为了一部经典之作。伯顿·L·怀特基于自己37年的观察和研究，在这本详细的指导手册中描述了0~3岁婴幼儿在每个月的心理、生理、社会能力和情感发展，为数千万名家长提供了支持和指导。现在，这本经过了全面修订和更新的著作包含了关于养育的最准确的信息与建议。

伯顿·L·怀特，哈佛大学"哈佛学前项目"总负责人，"父母教育中心"（位于美国马萨诸塞州牛顿市）主管，"密苏里'父母是孩子的老师'项目"的设计人。

[美]伯顿·L·怀特 著
宋苗 译
北京联合出版公司
定价：39.00元

《0~3岁孩子的正面管教》

养育0~3岁孩子的"黄金准则"

家庭教育畅销书《正面管教》作者简·尼尔森力作

从出生到3岁,是对孩子的一生具有极其重要影响的3年,是孩子的身体、大脑、情感发育和发展的一个至关重要的阶段,也是会让父母们感到疑惑、劳神费力、充满挑战,甚至艰难的一段时期。

正面管教是一种有效而充满关爱、支持的养育方式,自1981年问世以来,已经成为了养育孩子的"黄金准则",其理论、理念和方法在全世界各地都被越来越多的父母和老师们接受,受到了越来越多父母和老师们的欢迎。

本书全面、详细地介绍了0~3岁孩子的身体、大脑、情感发育和发展的特点,以及如何将正面管教的理念和工具应用于0~3岁孩子的养育中。它将给你提供一种有效而充满关爱、支持的方式,指导你和孩子一起度过这忙碌而令人兴奋的三年。

无论你是一位父母、幼儿园老师,还是一位照料孩子的人,本书都会使你和孩子受益终生。

[美]简·尼尔森 谢丽尔·欧文
罗丝琳·安·达菲 著
花莹莹 译
北京联合出版公司
定价:42.00元

《实用程序育儿法》

宝宝耳语专家教你解决宝宝喂养、睡眠、情感、教育难题

《妈妈宝宝》、《年轻妈妈之友》、《父母必读》、"北京汇智源教育"联合推荐

本书倡导从宝宝的角度考虑问题,要观察、尊重宝宝,和宝宝沟通——即使宝宝还不会说话。在本书中,她集自己近30年的经验,详细解释了0~3岁宝宝的喂养、睡眠、情感、教育等各方面问题的有效解决方法。

特蕾西·霍格(Tracy Hogg)世界闻名的实战型育儿专家,被称为"宝宝耳语专家"——她能"听懂"婴儿说话,理解婴儿的感受,看懂婴儿的真正需要。她致力于从婴幼儿的角度考虑问题,在帮助不计其数的新父母和婴幼儿解决问题的过程中,发展了一套独特而有效的育儿和护理方法。

梅林达·布劳,美国《孩子》杂志"新家庭(New Family)专栏"的专栏作家,记者。

[美]特蕾西·霍格
梅林达·布劳 著
北京联合出版公司
定价:42.00元

《让你的孩子更聪明》

5 岁前，将孩子的智商再提高 30 分

做正确的游戏和活动
吃正确的食物
避免环境毒素和不当用药
让孩子感受到关爱、安全、快乐和放松

[美]大卫·普莫特 博士 著
林欣颐 译
京华出版社出版
定价：28.00 元

　　人的大脑在出生时尚未完成发育，但很多父母错过了增进孩子智力和情感幸福的关键时期，不是因为他们疏于自己的责任，而是因为不了解。你只要让孩子在感受到关爱、安全、快乐和放松的同时，和孩子做正确的游戏和活动、吃正确的食物、避免环境毒素和不当用药，就很容易将孩子的智商在 5 岁前再提高 30 分，开启孩子的聪明基因，帮助孩子成为一个聪明、能干、成功的成年人。

《如何培养孩子的社会能力》

教孩子学会解决冲突和与人相处的技巧

简单小游戏　成就一生大能力
美国全国畅销书（The National Bestseller）
荣获四项美国国家级大奖的经典之作
美国"家长的选择（Parents' Choice Award）"图书奖

[美]默娜·B·舒尔 特里萨·弗伊·迪吉若尼莫 著
张雪兰 译
京华出版社出版
定价：22.00 元

　　社会能力就是孩子解决冲突和与人相处的能力，人是社会动物，没有社会能力的孩子很难取得成功。舒尔博士提出的"我能解决问题"法，以教给孩子解决冲突和与人相处的思考技巧为核心，在长达 30 多年的时间里，在全美各地以及许多其他国家，让家长和孩子们获益匪浅。与其他的养育办法不同，"我能解决问题"法不是由家长或老师告诉孩子怎么想或者怎么做，而是通过对话、游戏和活动等独特的方式教给孩子自己学会怎样解决问题，如何处理与朋友、老师和家人之间的日常冲突，以及寻找各种解决办法并考虑后果，并且能够理解别人的感受。让孩子学会与人和谐相处，成长为一个社会能力强、充满自信的人。

　　默娜·B·舒尔博士，儿童发展心理学家，美国亚拉尼大学心理学教授。她为家长和老师们设计的一套"我能解决问题"训练计划，以及她和乔治·斯派维克（George Spivack）一起所做出的开创性研究，荣获了一项美国心理健康协会大奖、三项美国心理学协会大奖。

《如何培养孩子的社会能力（Ⅱ）》

教 8~12 岁孩子学会解决冲突和与人相处的技巧

全美畅销书《如何培养孩子的社会能力》作者的又一部力作！
让怯懦、内向的孩子变得勇敢、开朗！
让脾气大、攻击性强的孩子变得平和、可亲！
培养一个快乐、自信、社会适应能力强、情商高的孩子

8~12 岁，是孩子进入青春期反叛之前的一个重要时期，是孩子身体、行为、情感和社会能力发展的一个重要分水岭。同时，这也是父母的一个极好的契机——教会孩子自己做出正确决定，自己解决与同龄人、老师、父母的冲突，培养一个快乐、自信、社会适应能力强、情商高的孩子——以便孩子把精力更多地集中在学习上，为他们期待而又担心的中学生活做好准备。

本书详细、具体地介绍了将"我能解决问题"法运用于 8~12 岁孩子的方法和效果。

[美] 默娜·B·舒尔 著
刘荣杰 译
北京联合出版公司出版
定价：28.00 元

《莫扎特效应》

用音乐唤醒孩子的头脑、健康和创造力

从胎儿到 10 岁，用音乐的力量帮助孩子成长！
享誉全球的权威指导，被翻译成 13 种语言！

在本书中，作者全面介绍了音乐对于从胎儿至 10 岁左右儿童的大脑、身体、情感、社会交往等各方面能力的影响。

本书详细介绍了如何用古典音乐，特别是莫扎特的音乐，以及儿歌的节奏和韵律来促进孩子从出生前到童年中期乃至更大年龄阶段的发展，提高他们的各种学习能力、情感能力和社会交往能力。对于孩子在每个年龄段（出生前到出生，从出生到 6 个月，从 6 个月到 18 个月，从 18 个月到 3 岁，从 4 岁到 6 岁，从 6 岁到 8 岁，从 8 岁到 10 岁）的发展适合哪些音乐以及这些音乐的作用都进行了详细的说明。

唐·坎贝尔，古典音乐家、教育家、作家、教师，数十年来致力于研究音乐及其在教育和健康方面的作用，用音乐帮助全世界 30 多个国家的孩子提高了学习能力和创造性，并体验到了音乐给生活带来的快乐。他是该领域闻名全球、首屈一指的权威。

[美] 唐·坎贝尔 著
高慧雯 王玲月 娟子 译
北京联合出版公司出版
定价：32.00 元

《如何读懂孩子的行为》

理解并解决孩子各种行为问题的方法

孩子为什么不好好吃、不好好睡？为什么尿床、随地大便？为什么说脏话？为什么撒谎、偷东西、欺负人？为什么不学习？……这些行为，都是孩子在以一种特殊的方式与父母沟通。

当孩子遇到问题时，他们的表达方式十分有限，往往用行为作为与大人沟通的一种方式……如何读懂孩子这些看似异常行为背后真实的感受和需求，如何解决孩子的这些问题，以及何时应该寻求专业帮助，就是本书的主要内容。

安吉拉·克利福德 – 波斯顿（Andrea Clifford-Poston），教育心理治疗师、儿童和家庭心理健康专家，在学校、医院和心理诊所与孩子和父母们打交道30多年；她曾在查林十字医院（Charing Cross Hospital，建立于1818年）的儿童发展中心担任过16年的主任教师，在罗汉普顿学院（Roehampton Institute）担任过多年音乐疗法的客座讲师，她还是《泰晤士报》"父母论坛"的长期客座专家，为众多儿童养育畅销杂志撰写专栏和文章，包括为"幼儿园世界（Nursery World）"撰写了4年专栏。

[英] 安吉拉·克利福德 – 波斯顿 著
王俊兰 译
北京联合出版公司出版
定价：32.00元

《正面管教》

如何不惩罚、不娇纵地有效管教孩子

畅销美国400多万册　被翻译为16种语言畅销全球

自1981年本书第一版出版以来，《正面管教》已经成为管教孩子的"黄金准则"。正面管教是一种既不惩罚也不娇纵的管教方法……孩子只有在一种和善而坚定的气氛中，才能培养出自律、责任感、合作以及自己解决问题的能力，才能学会使他们受益终生的社会技能和生活技能，才能取得良好的学业成绩……如何运用正面管教方法使孩子获得这种能力，就是这本书的主要内容。

简·尼尔森，教育学博士，杰出的心理学家、教育家，加利福尼亚婚姻和家庭执业心理治疗师，美国"正面管教协会"的创始人。曾经担任过10年的有关儿童发展的小学、大学心理咨询教师，是众多育儿及养育杂志的顾问。

本书根据英文原版的第三次修订版翻译，该版首印数为70多万册。

[美] 简·尼尔森 著
玉冰 译
北京联合出版公司
定价：36.00元

《正面管教 A-Z》

日常养育难题的 1001 个解决方案

养育畅销书《正面管教》作者力作
以实例讲解不惩罚、不娇纵管教孩子的"黄金准则"

无论你多么爱自己的孩子,在日常养育中,都会有一些让你愤怒、沮丧的时刻,也会有让你绝望的时候。

你是怎么做的?

本书译自英文原版的第 3 版(2007 年出版),包括了最新的信息。你会从中找到不惩罚、不娇纵地解决各种日常养育挑战的实用办法。主题目录,按照 A-Z 的汉语拼音顺序排列,方便查找。你可以迅速找到自己面临的问题,挑出来阅读;也可以通读整本书,为将来可能遇到的问题及其预防做好准备。每个养育难题,都包括 6 步详细的指导:理解你的孩子、你自己和情形,建议,预防问题的出现,孩子们能够学到的生活技能,养育要点,开阔思路。

[美] 简·尼尔森 琳·洛特
斯蒂芬·格伦 著
花莹莹 译
北京联合出版公司
定价: 45.00 元

《十几岁孩子的正面管教》

教给十几岁的孩子人生技能

养育畅销书《正面管教》作者力作
养育十几岁孩子的"黄金准则"

度过十几岁的阶段,对你和自己青春期的孩子来说,可能会像经过一个"战区"。青春期是成长中的一个重要过程。在这个阶段,十几岁的孩子会努力探究自己是谁,并要独立于父母。你的责任,是让自己十几岁的孩子为人生做好准备。

问题是,大多数父母在这个阶段对孩子采用的养育方法,使得情况不是更好,而是更糟了……

本书将帮助你在一种肯定你自己的价值、肯定孩子价值的相互尊重的环境中,教育、支持你的十几岁的孩子,并接受这个过程中的挑战,帮助你的十几岁的孩子最大限度地成为具有高度适应能力的成年人。

[美] 简·尼尔森
琳·洛特 著
尹莉莉 译
北京联合出版公司出版
定价: 35.00 元

《教室里的正面管教》

培养孩子们学习的勇气、激情和人生技能

家庭教育畅销书《正面管教》作者力作
造就理想班级氛围的"黄金准则"
本书入选中国教育新闻网、中国教师报联合推荐
2014年度"影响教师100本书"TOP10

[美]简·尼尔森 琳·洛特
斯蒂芬·格伦 著
梁帅 译
北京联合出版公司出版
定价：30.00元

很多人认为学校的目的就是学习功课，而各种纪律规定应该以学生取得优异的学习成绩为目的。因此，老师们普遍实行的是以奖励和惩罚为基础的管教方法，其目的是为了控制学生。然而，研究表明，除非教给孩子们社会和情感技能，否则他们学习起来会很艰难，并且纪律问题会越来越多。

正面管教是一种不同的方式，它把重点放在创建一个相互尊重和支持的班集体，激发学生们的内在动力去追求学业和社会的成功，使教室成为一个培育人、愉悦和快乐的学习和成长的场所。

这是一种经过数十年实践检验，使全世界数以百万计的教师和学生受益的黄金准则。

《孩子顶嘴，父母怎么办？》

简单4步法，终结孩子的顶嘴行为

全美畅销书

[美]奥黛丽·里克尔
卡洛琳·克劳德 著
张悦 译
北京联合出版公司
定价：20.00元

顶嘴是一种不尊重人的行为，它会毁掉孩子拥有成功、幸福的一生的机会，会使孩子失去父母、朋友、老师等的尊重。

本书是一本专门针对孩子顶嘴问题的畅销家教经典。作者里克尔博士和克劳德博士以著名心理学家阿尔弗雷德·阿德勒的行为学理论为基础，结合自己在家庭教育领域数十年的心理咨询经验，总结出了一套简单、对各个年龄段孩子都能产生最佳效果，而且不会对孩子造成伤害的"四步法"，可以让家长在消耗最少精力的情况下，轻松终结孩子粗鲁的顶嘴行为，为孩子学会正确地与人交流和交往的方式——不仅仅是和家长，也包括他的朋友、老师和未来的上级——奠定良好的基础。

本书包含大量真实案例，可以让读者在最直观而贴近生活的情境中学习如何使用四步法。

奥黛丽·里克尔博士，美国著名心理学家，既是一名经验丰富的教师，也是一名母亲，终生与孩子打交道。卡洛琳·克劳德博士，管理咨询专家，美国白宫儿童与父母会议主席，全国志愿者中心理事。

《如何培养情感健康的孩子》

孩子必须被满足的 5 大情感需求

畅销美国 250000 多册的家教经典

孩子的情感健康，取决于情感需求是否得到满足。每个孩子都有贯穿一生的 5 大情感需求，满足了这些需求，会为把孩子培养成为自信、理智、有同情心和有公德心的人提供一个良好的基础，让他们更有可能在学业、职场、婚姻和生活中取得成功。

杰拉尔德·纽马克博士既是一位父亲，又是一位教育家、研究员，从事与学校和孩子相关的咨询已经超过30年，他在教育领域所取得的卓越成就曾得到美国总统嘉奖。

［美］杰拉尔德·纽马克 著
叶红婷 译
北京联合出版公司
定价：20.00 元

《给你的孩子正能量》

消除有毒想法，提升亲子关系

父母对孩子的看法影响着孩子的人生。由于各种原因，父母们经常在有意识或无意识中，对孩子抱有"有毒"想法，并且不愿意正视。这些有毒想法会造成负面的情绪和行为，对孩子和家庭幸福造成危害……如何消除对孩子的有毒想法，给孩子源源不断的正能量，就是这本书的主要内容……

［美］杰夫·伯恩斯坦 著
王俊兰 译
北京联合出版公司
定价：28.00 元

《为了孩子一生的幸福和成功》

教给孩子正确的价值观

全美畅销书第 1 名

本书绝对是一个智慧宝库,是当今的父母们极其需要的。而且,作者的方法真的管用。

——《高效能人士的7个习惯》作者
史蒂芬·柯维

价值观是人生的基石,是成功的前提。一个没有良好价值观的人,成功的概率一定是零。

本书详细介绍了将12种价值观教给从学龄前儿童到青春期孩子的方法。

[美] 琳达·艾尔 理查德·艾尔 著
叶红婷 译
北京联合出版公司出版
定价:25.00元

《4年级决定孩子的一生》

(修订版)

我国著名诗人艾青说过:人的一生很漫长,但最关键的却只有那么几步……小学4年级就是孩子成长中最关键几步中的一步。

孩子的生长和发育存在若干关键时期,4年级就是一个重要的时期。4年级是培养学习能力和情感能力的重要时期,是养成良好的学习习惯和改变不良习惯的最后关键时机。4年级是培养孩子学习恒心的关键时期。4年级是小学低年级向高年级的过渡期,孩子开始从被动的学习主体向主动的学习主体转变,学校教育的内容和方式发生的一些明显变化、孩子自身心理和能力的发展都会表现为比较明显的学习分化现象,有些孩子甚至开始出现学习偏科的端倪。

张伟 徐宏江 著
京华出版社出版
定价:24.00元

孩子的成长要求父母对孩子教育的内容和方式也要随之改变,正确的教育将会起到事半功倍的作用,为孩子一生的成功打下坚实的基础。

本书自2005年5月出版以来,受到了广大学生家长和教师的热烈欢迎,深圳市将其列为"第六届深圳读书月推荐书目"。

《孩子爱发脾气，父母怎么办》

孩子发脾气的 11 种潜在原因及解决办法

美国"妈妈的选择"图书金奖

没有哪个孩子会无缘无故地发脾气，也没有哪个孩子在每一件事情上都发脾气。孩子的每一次脾气爆发，都是有原因的，是孩子在试图告诉父母或其他成年人一些什么……有时候，孩子无法用口头方式表达自己的烦恼或不快，而情绪和行为才是他们的语言，为了倾听他们，你必须学会破解这种语言……孩子在小时候改掉发脾气的毛病，在青春期和成年后才能快乐、平和，并有所成就。

道格拉斯·莱利博士，临床心理治疗师，擅长于治疗 3~19 的孩子。他还投入大量精力对父母们进行培训，教给他们改正自己孩子行为的方法和技巧。

[美] 道格拉斯·莱利博士 著
旭 译
京联合出版公司
价：28.00 元

《快乐妈妈的 10 个习惯》

找回我们的激情、目标和理智

尽管家教书籍众多，但真正关注妈妈们的幸福的著作却很少。

本书从理解自己作为一个妈妈的价值、维持重要的友谊、重视并实践信任和信仰、对竞争说"不"、培养健康的金钱理念、抽时间独处、以健康的方式给予和得到爱、追寻简单的生活方式、放下恐惧、下定决心怀抱希望等十个方面介绍了怎样才能做一个快乐的妈妈。

本书作者梅格·米克是医学博士、儿科医生、畅销书作者，著名家庭教育和儿童及青少年健康专家。具有 20 多年从事儿童临床治疗和青少年咨询经验，美国儿童医学会成员、美国医学所全国顾问委员会成员。她还是一位青少年问题方面的著名演讲家，经常在电视和电台节目中做访谈节目。

[美] 梅格·米克博士 著
胡燕娟 译
北京联合出版公司
定价：28.00 元

《8年级决定孩子的未来》

张伟 著
京华出版社出版
定价：18.00元

八年级的学生无论是从生理和心理发育，还是从道德情操、知识能力的形成来看，都处于一个"特别"的时期。

这一时期，孩子们处于由儿童期向青年期过渡的身心急速发展阶段，身心发展的不平衡导致情感和意志的相对脆弱。八年级的孩子很可能会形成诸如打架、恶作剧、逃课、偷窃等不良品德和行为，心理学家把这一时期称为"急风暴雨"时期，有专家则称八年级为"事故多发阶段"。对于八年级的孩子身心所发生的各种变化和带来的各种社会影响，有些教育工作者或者专家形象地称之为"八年级现象"。

八年级的孩子在学习上处于突变期，要求孩子的学习方法也要随之变化，否则就会出现学习上的落伍；在发育上处于青春期，缺乏生活的体验，其道德认识等有待培养；在心理上处于关键期，在关键期引导不当容易造成教育失误。

所有这些都要求家长对孩子的教育及时作出有针对性的调整，帮助孩子度过这一危险而美好的时期，帮助孩子形成良好的道德品质，并取得学业的成功。

《孩子是如何学习的》

[美]约翰·霍特 著
张雪兰 译
北京联合出版公司
定价：30.00元

畅销美国 200 多万册的教子经典，以 14 种语言畅销全世界

孩子们有一种符合他们自己状况的学习方式，他们对这种方式运用得很自然、很好。这种有效的学习方式会体现在孩子的游戏和试验中，体现在孩子学说话、学阅读、学运动、学绘画、学数学以及其他知识中……对孩子来说，这是他们最有效的学习方式……

约翰·霍特（1923～1985），是教育领域的作家和重要人物，著有10本著作，包括《孩子是如何失败的》、《孩子是如何学习的》、《永远不太晚》、《学而不倦》。他的作品被翻译成14种语言。《孩子是如何学习的》以及它的姊妹篇《孩子是如何失败的》销售超过两百万册，影响了整整一代老师和家长。

以上图书各大书店、书城、网上书店有售。
团购请垂询：010-65868687
Email：tianluebook@263.net
更多畅销经典家教图书，请关注新浪微博"家教经典"（http://weibo.com/jiajiaojingdian）及淘宝网"天略图书"（http://shop33970567.taobao.com）